Women Entrepreneurs

自分らしく、しなやかに生きるワークライフのヒント

女性起業家の新しい働き方

輝業コンサルタント
根本登茂子

カナリアコミュニケーションズ

はじめに

女性ならではのしなやかな生き方、ワークライフスタイルにスポットをあてた書籍を出版したいと思いましたのは、女性情報誌を18年間発行する中で未婚・既婚問わず、女性の働き方が多様化してきたのを肌で感じたからです。私が会社をおこした25年前は「女性起業家」という存在自体が稀少だった時世、今では女性起業家を産み、育てる土壌づくりの支援体制が少しずつ整いつつあります。

「人生１００年時代」といわれ、定年制のあり方も問われています。生涯現役、健康で楽しみながら働くことが求められてきたのです。週末起業やひとり起業、シニア起業と「起業スタイルも10人10色」の時代になってきました。趣味や資格を活かし、自宅に居ながらにして起業するキャリアママたちも増えています。

都内では会社員やＯＬの間でパラレルキャリアのセミナーが注目されているそうです。パラレルキャリアとは、ピーター・ドラッカーが提唱する「本業に携わりながらも第２のキャリアを築き、会社や組織のみに頼らない生き方」になります。また、大手企業ではテレワークや副業を解禁するなど、「働き方」は大きな転換期を迎えたように感じています。

1986年に男女雇用機会均等法が施行され、その約15年以降から専業主婦世帯より共働き世帯数（男女共同参画白書）が上回っていきました。しかし、女性が働き続ける上でまだまだ課題が多く、結婚や出産、夫の転勤、親の介護などに左右されるのが現状のようです。こうした背景の中で、「ワーク・ライフ・バランス」のとれた生き方を望む女性たちが増加してきたのではないでしょうか。

私自身もライフイベントに何度か直面してきましたが、これらの経験が自分で采配できる「起業」という働き方を選び、続けてきた理由の一つにもなっています。勤めながら培ったキャリアを活かしての起業でしたが、最初は個人事業からスタート、数年後にお客様や外注先の取引、スタッフの待遇面などを考えて法人化へ至ったという経緯がありました。

会社設立25年になる今だからこそ原点に戻って、生き方や働き方を模索してみたいと思いました。そこで、昨夏より書籍『女性起業家の新しい働き方』の出版へ向けて、その企画趣旨や思いを伝えながら賛同者を募っていったのです。おかげさまで年齢や職種、地域を越えた30代から80代の女性起業家24名が参画してくださいました。

取材を通じて見えてきたのは、幾度も試練を乗り越えながら歩んで、たどり着いたのが起業であり、自分らしい生き方だったのではないかということでした。そんな彼女たちの横顔、感動ストーリーをカラーページでお届けしています。さらに、あなたらしい起業スタイルのみつけ方、夢をカタチにするヒント、繁盛店になる秘策など即実践できる、とっておきのノウハウを紹介させていただきました。

「共感×共創×共生」をテーマに女性たちが繋がるコミュニティ、女性ならではの感性や多様性を活かして、新たなビジネスを創出していきたいですね。

この本があなたにとって、より楽しい人生、輝く生き方の道しるべになれたら幸いです。

根本　登茂子

Women Entrepreneurs

目次

第3章　24人の女性起業家ストーリー

Part.1　ショップ&サロン

Part.2　セミナー&資格

Part.3　カウンセリング&セラピー

Part. 4　クリエイト&教室

第4章　女性起業家に追い風！夢がカタチへ

第5章　女性起業家が繁盛するメソッド

第 1 章

女性起業家の扉をひらくために

自分らしい起業スタイルをみつけよう

あなたにとって幸せな人生、生き方とは何でしょう？健康、家族、友人、仕事、お金……。オーストラリアのディーキン大学が実施した調査結果によると、幸せを実感するためには3つの要素「ハピネス・トライアングル＝幸せの三角形」が必要だといいます。それは、①良好な人間関係 ②安定した経済状況 ③生きがいや目標、これら3つがバランスよく満たされていると幸せを感じることができるそうです。そこで、起業した場合に幸せの三角形ができるのかを探ってみることにしました。

私がこれまでに出会った女性起業家から「お客様に感謝されたときに生きがいを感じる・人の役に立てたと実感できたときに喜びを感じる・自分の好きなコトを仕事にしているので楽しい・定年がなく自分のペースで働けるのがいい・自分から仕掛けづくりができるのでやりがいがある……」と、こんな声が届いています。なかでも幸せの三角形、3番目の「生きがい」を実感しているようです。

今や起業は自分の環境や立ち位置、年齢にこだわらず、自分のペースで働ける選択肢が広がってきています。幸運にもカスタマイズできる時代になったのです。無理せず、身の丈にあった起業から始めた方が成功へとつながっていきます。

そこで、まず最初にやって欲しいのが、あなた自身の棚卸です。

◎学生時代にどんなことに興味がありましたか？

◎就職先を選んだ理由は何でしたか？（職種・給与・待遇・やりがい・将来性）

◎どんな仕事をしてきましたか？

◎勤続年数は？（キャリア・専門性・資格・特技）

これらを箇条書きで構いませんので、整理してみてください。きっと、起業するときのヒントになってきます。

次は今あなたが置かれているポジションは何ですか？

◎正社員・派遣社員・専業主婦・パート勤め・フリーター etc.

起業したい目的は何ですか？

◎収入・やりがい・自由な時間が欲しい（家事や育児、介護等の両立）

◎資格を活かしたい・趣味を実益にしたい
◎雇用されたくない・定年のない仕事をしたい・生計を立てたい
◎人の役に立ちたい・社会に貢献したい etc.

起業を志す場合、どんな働き方をしたいですか？
◎法人にして本格的に事業を起こしたい・個人事業主として独立したい
◎夫の扶養範囲内で働きたい・平日は派遣社員、週末のみ営業したい
これらの質問を自分へ投げかけて、起業への思いを確認していきましょう！

起業するにはどういう形態があるの？

一般的に「起業」を大別すると2つあります。一つ目は「個人事業」。例えば、美容院や花屋、雑貨店、エステサロン、ネイルサロンなどお客様の大半が個人相手の場合、法人化をしないで個人事業として経営する形態です。

2つ目が「法人」。これには株式会社や合同会社、NPO法人、社団法人などがありますが、

個人事業と法人事業を比べたときの違いとは

個人事業		法人（会社）
簡単	**開業手続**	やや複雑
不要	**手続費用**	20〜30万円程度
簡易	**会計処理**	複雑
自由	**事業内容**	定款の事業目的に限定
法人より低い	**社会的信用**	個人事業より高い
事業主が全て負う	**事業責任**	原則、出資分のみ負う
国民年金 国民健康保険	**加入できる保険の種類**	厚生年金 健康保険

※開業ガイドブック東京商工会議所平成29年度版より引用

主に企業や公共機関が相手の場合や年間売り上げが一定以上越えた場合など、取引する上で「信用」が重要視されてくる業種・業態を経営する場合の形態になります。

弊社ミズプランでは、最初は個人事業でスタートしましたが、主な取引先が会社や商店街組合、公共機関等でしたので、法人化にしたという経緯がありました。

その当時は会社設立にあたって最低資本金として株式会社なら1000万円以上、有限会社なら300万円以上、さらに役員の人数等の条件もありましたが、2006年5月に施行された新会社法により1円から株式会社が設立できるようになり、これを境に法人化する傾向が高まっていきました。

法人化のハードルは低くなりましたが、個人相手の商売や事業でしたら、第1ステップとしては個人事業からスタートした方がよいかと思います。税務署へ開業の届け出を提出した時点から「個人事業主」となります。ぜひ、自分に合った起業を検討してみて下さい。

書籍に登場している女性起業家のケース例

ケース①／スイーツショップを経営する望月さんは、段階を踏みながら法人化していきました。趣味のお菓子作りが高じて自宅リビングでお菓子教室を始めます。不幸にも旦那様が逝去されてからは庭に工房を建て２０１０年に創業し、家計を支えます。２０１５年にＵターンしてきた息子さんと株式会社を設立し、現在に至っています。

ケース②／エール＆ウォーク代表の徳山さんは２人の子育て中のお母様ですが、お父様の介護をきっかけに会社を辞職し、生前整理アドバイザーの資格を取得後、２０１６年に個人事業として独立。新しい自分の働き方を模索しながら、超高齢社会の中で一翼を担いたいとセミナー開催や講演活動に邁進中です。

ケース③／ルネ・アート代表の永池さんは、屋外広告デザイナーだったＯＬから離職後、２０１１年に個人事業として起業。さらにチームを組んでメンタルヘルスケア事業等を広げるために２０１７年に合同会社を設立し、臨床美術士として介護施設や医療機関、企業等でワークショップを開催したり、講師として活動中です。

ケース④／和あらかると代表の岩田さんは、20年以上にわたって着付け講師や自宅教室をされてきましたが、子育てが一段落した後に創業スクールを受講、２０１４年に個人事業として起業。長年にわたるキャリアや専門知識を活かして「カンタン着物」を開発し、新事業を立ち上げています。

このように女性起業家の働き方は、実に多種多様です。大手企業では真似できない地元に密着したニッチな市場への参入や超高齢社会、ストレス社会、インバウンド&アウトバウンドなど時代ニーズを見据えたキメ細かな事業展開をされています。環境の変化に応じた柔軟な働き方や生き方ができるのも、女性ならではの特性・強みではないでしょうか。

起業するときに知っておきたい3大要素とは

「起業はカンタン！でも、継続はムズカシイ！」と聞いたことがある方もいらっしゃるかと思います。お店を始めてから3年続くのは約4割、10年存続できるのは約1割ともいわれています。あなたが起業を思い立ったとき、鉄板の法則ともいわれる3大要素があるので、ぜひ、リストアップしてみてください。

1／Will……あなたが人生や仕事を通じて実現したいことは何ですか？
2／Can ……あなたができることは何ですか？（資格や特技、知識、キャリア etc.）
3／Must……社会から求められていること、必要とされていることは何ですか？

事業継続・拡大するための３大要素

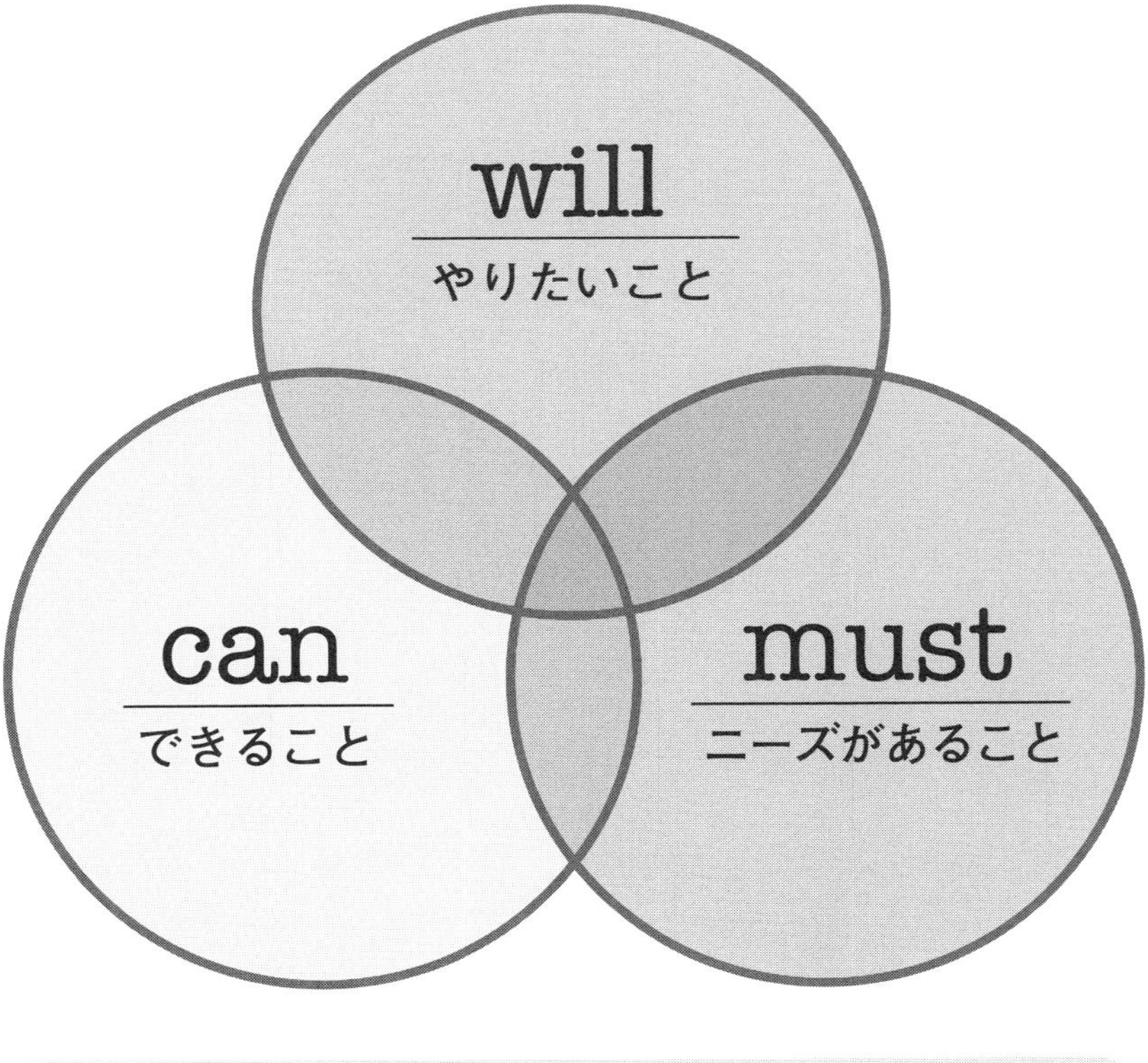

「やりたいこと」「できること」「ニーズがあること」を具体的にリストアップしながら自分の可能性を探ってみましょう。新たな自分の強みや、可能性がみえてくるかもしれません。

今、あなたが目指している起業の業種や業態に照らし合わせたとき、これら3つの条件が明確になっているかが、サロンや店舗、教室運営、事業等を継続する上で重要になってきます。創業支援セミナーをした際に、受講者の皆様にこれら3つの要素を書き出していただき、起業の可能性を探っていったことがありました。なぜなら3つの要素が重なりあえば、起業した後も継続しやすく、事業として成り立ちやすいといわれているからです。

あなた自身がその仕事にやりがいを感じ、これまでのキャリアや実務経験が活かせ、しかも将来性ある事業ということになります。できれば、起業時にお得意様や販売先になってくれそうな人脈があってスタートできるのが理想的です。1年間位時間をかけて準備し、自宅で開業するのか、店舗を借りるのか、ネットショップを利用するのか、方向性や見通しが経ってから起業するのがよいかもしれません。

第２章

女性起業家の強みは柔軟力と専門力

起業して継続する秘訣、働き方スタイルとは

女性向けのフリーペーパーを18年間発行する中で、自分スタイルで輝いている多くの女性起業家の方々と出会ってきました。その中で２０１０年に15周年記念誌として「飾る・習う・癒す・美しく・装う・結婚」のジャンルに分けて、50社を掲載した書籍『輝業美人（きぎょうびじん）』を出版したことがありました。

８年経った現在、そのうち約８割のお客様がお店やサロン、サービスを継続しています。世間一般に10年存続できるのが１割といわれる確率からすると、かなり高い数字になっていることがわかります。

その秘訣は一体どんなところにあるのでしょう。偶然かも知れませんが廃業された２割のうち男性の経営者が９割、しかも路面店舗やファッションモールに入店していたショップ、個人店としては規模の大きいレストランやカフェ等でした。

撤退された原因は様々かと思いますが、開業資金や家賃などの固定費、店舗を維持するためのランニングコスト等にあったのではないかと感じています。どのお店もオーナーの個性が光り、店舗づくりや商品へのこだわりを持っていたので、とても残念でしたが……。

一方、継続されている女性経営者の場合は、自宅で趣味を活かした教室、自宅1階を雑貨店や花屋にした店舗、旦那様が営む医院の2階をエステサロンにした店舗、自社ビル1階が化粧品販売店、2階を美容サロンとして活用するなど、比較的ランニングコストのかからない方法、しかも生活に密着した女性ならではの柔軟な働き方をされていました。

また、オフィスや店舗を借りたり、自社店舗を構えた女性オーナーの場合は、資格ビジネスやコンサルティングを兼ねた専門性の高い業種、リピーターの多い業態など、さらにオーナー自身のキャリアや強みに長けた事業で継続されているケースが多かったですね。

事業継続へと導く2つのビジネスモデル

ストック型ビジネスとフロー型ビジネスといった2つのビジネスモデルがあることを聞いたことはありますか？これら2つが上手く回っていると事業が継続しやすくなるといわれています。

ストック型ビジネスとは定期的、または安定的に収入が入ってくるビジネス形態のこと。例えば、教室や塾、スポーツジムの月謝や会費、不動産の管理料や家賃、エステサロンやネイルサロン、美容院、マッサージなど習慣性のあるサービス、また化粧品やサプリメント、消耗品などリピーター性のある商品を扱う業種や業態が、このビジネスモデルになります。

フロー型ビジネスとは、一見さんや単発の受注だったり、その都度、収入になるビジネス形態になります。結婚式場や住宅メーカー等はこのビジネスモデルに入ります。高額ではあるけれど、同じお客様が何度も足を運んで、これらの商品やサービスを購入してくれるストック型のビジネスとはいえません。

そこで、ホテルや結婚式場等はディナーショーやブライダルフェア、催事を開催したり、会場を宴会や会議用に貸し出したり、レストランを併設するなど年間を通じて仕掛けづくりをして、フロー型とストック型を組み合わせています。

また、住宅メーカーでは住まいを購入いただいた時点から、顧客として生涯にわたってのおつきあいを心がけています。メンテナンスやリフォームに力を入れたり、定期的にセミナーやイベントを開催することでお客様との信頼関係やパイプを太くし、ストック型ビジネスへとつなげています。と言いますのは、弊社では15年間ホテルの広告制作や販売促進、10年間住宅メーカーが顧客向けへ発行する媒体に携わった経験から、これら2つのビジネスモデルを並行して実践している業態だと実感したからです。

事業を継続・拡大している女性起業家の秘訣をご紹介

書籍の中に登場してます「コンフォート」代表・インテリアコーディネーターの迫間さん。弊社フリーペーパーのクライアントとして紹介されたインテリショップでの出会いが最初でした。店内でバリバリと仕事をこなす接客姿、提案する商品のセンスの良さがとても印象的で、実は我が家でもカーテンや絨毯を依頼したほどです。

偶然にも私が創業セミナーで講師を務めた会場で再会、その数年後に起業し、名刺を作りに来てくださったことがありました。あれから7年経過した現在、売り上げは右肩上がりで、提携する住宅メーカー数は約2倍に伸びているそうです。その要因は資格や実務経験を活かし、好きなコトで起業したのが大きかったといいますが、事業を継続、しかも拡大されているさらなる秘訣のポイントを伺ってみることにしました。

1／起業する際、メールやDMではなくお客様へ訪問して、仕事への思いや事業内容を相手に伝えたこと。

2／専門職だったので、勤務していた会社から退職の際、仕事や取引先が引き継げたこと。

3／内装や照明、カーテン、家具等の造作などトータルで仕事が受注できたこと。

4／職人さんとのパイプがさらに広がり、その職人さんからの紹介が増えたこと。

5／一つひとつ納めた仕事が評価され、その仕事が独り歩きして営業へと結びついたこと。

6／ＳＮＳ（ＨＰ、ブログ、ＦＢ）を通じて、個人のお客様からの依頼が増えてきたこと。


起業して良かったことは自分自身が「顔」となり仕事ができること、責任は重いがやりがいも大きいといいます。コーディネートといったソフト面に「Ｆｅｅ（料金）」が発生することを理解していただき、その価値が高められるように「丁寧に、誠実に！」を心がけていきたいとのことでした。

迫間さんの場合、ストック型ビジネスとフロー型ビジネスの両輪がバランスよく回っている成功事例かと思います。住宅メーカーから定期的に受注できるストック型の仕組み、職人さんやエンドユーザーから単発ではあるけれど受注できるフロー型の仕組み、さらに一度依頼されたお客様と信頼関係が生まれ、ストック型へと移行する可能性が高い仕事の進め方を積み重ねてきたことがよい結果を生んでいるのではないでしょうか。

第３章

24人の女性起業家ストーリー

Women Entrepreneurs

性起業家24人のストーリー。

一人お一人の感動物語がありました。

難を乗り越えたとっておきの秘策など、

介させていただきます。

年齢や職種、地域を越え

こんな素敵な笑顔になるまでには

女性ならではの柔軟な生き方や働き

生の声、３つのキーワードか

Women Entrepreneurs

24人の女性起業家ストーリー

Part 1 ショップ＆サロン

Part 2 セミナー＆資格

Part 3 カウンセリング＆セラピー

Part 4 クリエイト＆教室

Part 1

ショップ＆サロン

Women Entrepreneurs

Reiko Itoyama

横浜 VISSE マッサージ治療院
あん摩マッサージ指圧師
院長
糸山 礼子 さん

創業 2016 年

http://yokohama-visse.com/

女性のための心と体に優しい専門整体院を開業

銀行員からアロマテラピストへ講師業とスクール経営

女性のためのマッサージ治療院を開業された院長の糸山礼子さん。横浜・山下公園近くの閑静なクリニック内でお客様と1対1で向き合う治療を施しながら、心と体を癒しています。その道のりは長く、20代から続いたご自身の心身不調を克服したいとの願いから、第一歩が始まりました。

短大卒業後、約20年間にわたる銀行業務は肉体的にも精神的にも緊張を強いられ、加えて身近な親族の不幸が重なり、ますます心身のバランスを崩していきます。毎日が痛みや不調との闘い。この頃から「自分の人生、組織に縛られたくない、60歳を過ぎても自営で働けたら」という気持ちが芽生えたと糸山さん。

そんな過酷な環境だった30代前半、運命的なアロマトリートメントとの出会いを体験。憧れの講師の影響もあり、「私もやってみたい！」と、勤め帰りにアロマテラピースクールへ通い、資格を取得したそうです。遂には銀行を退職し、講師として教壇に立ち、自宅リビングではスクールを開校、セラピストを育成するまでに至りました。

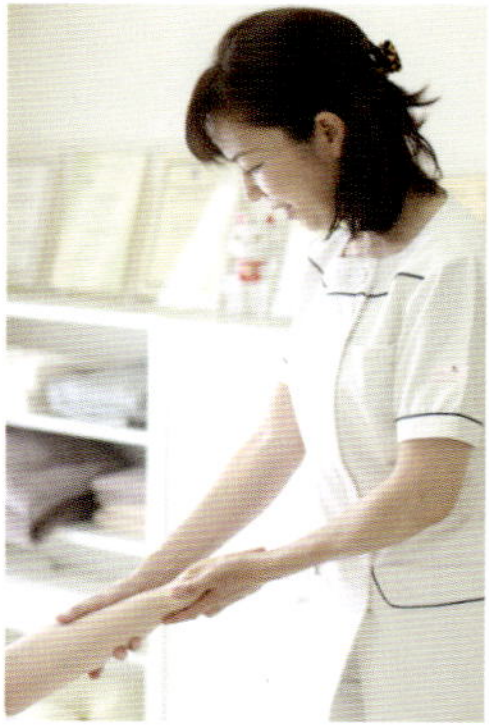

40代で専門学校へ入学 国家資格で念願の医院開設

何年かするうちにスクールビジネスに悩みが生じてきます。「大きくすることが自分にあっているのか？」と。そんな折、某病院からアロマトリート

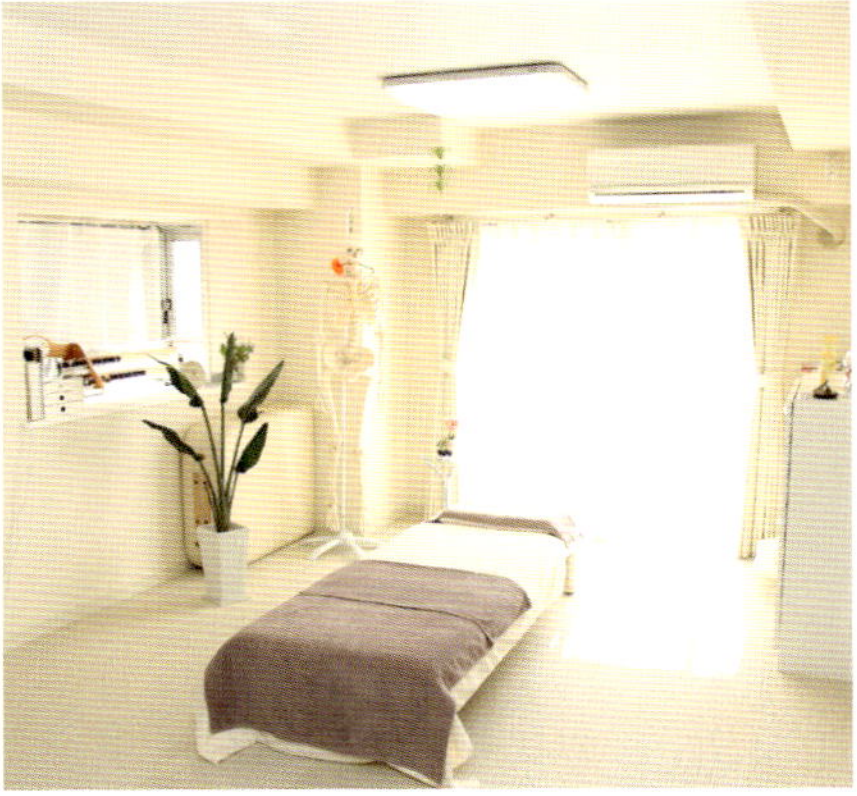

働き方
3つのキーワード

1. 自分の心が喜ぶことをする
2. 更年期世代以降の女性を笑顔に
3. 家族の応援を得て仕事をする

メントを取り入れたいと依頼され、脳神経外科と婦人科のある2医院を担当することになります。患者さんの施術はとても大変だったそうですが、「楽になった！　またお願いしたい！」と言われ、嬉しかったと同時に現場を知れば知るほど、「辛い症状を、もっと良くするには？病気のことを学ばなければ！国家資格も必要ではないか？」と疑問が湧き出てきたといいます。

そして、旦那様の協力も得て、40代で専門学校へと入学。初志貫徹で3年の間、週6日通い続けて、念願だった「あん摩マッサージ指圧師」の国家資格を取得しました。卒業後4年間は訪問リハビリマッサージの臨床経験で技術を磨いていきます。その高貴な志と情熱で切り拓いてきた真摯な姿勢に感銘を受けましたね。

女性の心と体に向き合い、笑顔溢れる人生のお手伝い

アロマとの出会いから20数年経った今、「あん摩・マッサージ・指圧と日本にある素晴らしい技術や、手に宿る目に見えない力を借りて、病に苦しむ女性を丸ごと診て、楽にしてあげたい」と次へのステージが始まりました。開院までに不安と恐怖で押しつぶされそうになったこと数知れず、メンターへ相談したり、セミナー等に参加してクリアしてきたそうです。「女性が何歳になっても自分の足で歩き、人生を全うできる健康教室を開催したい！」と語る爽やかな笑顔が素敵でした。

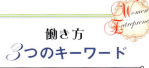

Yasuyo Gossen

店長
JNA 認定講師
ゴセン 康代 さん

ネイルルーム Marianne
オーナー
JNA 本部認定講師 & 衛生管理指導員
(一社)ネイルグランプリ関東エリア理事
丹野 真里 さん

創業 2012 年

http://nailroom-marianne.jp/
https://ameblo.jp/nailroom-marianne/

Mari Tanno

ネイリストが輝く職場づくり、指先から幸せを

専業主婦から資格取得後 養成スクールの校長に

指先から「ハッピーオーラ♪」を謳い、幸せの連鎖を繋げたいというネイルルーム『マリアンヌ』オーナーの丹野真里さん。20代の独身時代は医療事務に従事し、結婚・出産後は主婦業に専念した時期があったといいます。

娘さんの子育てに余裕ができた頃、何か新しいことを始めたい！と。そんな折、ふと1年程前にカウンセラーの友人からいわれた「ネイリストに向いてると思うよ」のアドバイスが蘇り、まずはチャレンジしてみようと早速スクール通い。もともと絵を描いたり、図画工作的なことが好きだった彼女は順調にスキルアップしていきます。

プロの資格取得後は、最初はパートでサロン勤めをしたものの、約1年で家庭と仕事の両立が難しくなり断念。それでも「私にはこれしかない！」と学び続けていると、基金訓練のネイリスト養成スクールの校長という職務を依頼され、本格的にネイリスト養成へと走り出しました。

卒業生の場づくりで起業 経営からプロ人財育成

しかし、卒業生たちの就職先はあまりなく、指導者としての責任を感じた丹野さん。「スタッフと共に学び合い成長して輝ける場所、お客様を美の世界へと導く女神になれる場所を作りたい」との思いから起業しました。自己実現できる自分の輝ける居場所も欲しかったとも。

サロン開業時に借入れした300万円は3年間で返却、5年間経った今では施術中に常連様との会話を楽しんだり、店長や育ってきたスタッフと共に働けることが生きがいであり、喜びだとニッコリ。

Women Entrepreneurs

働き方 3つのキーワード

1. お客様の笑顔の為に日々成長
2. 感謝と思いやりを大切に生きる
3. 指先からハッピーオーラを広げたい

40歳過ぎから生きる目的や自分との向き合い方を考える機会も多くなってきたそうです。「誰かの役に立ち、必要とされることで自分の存在価値をみいだし、やりがいが生まれてくる」。

さらにプロとして正しい知識が伝えられる指導者となり、ネイルの素晴らしさを継承し、未来を創っていきたいと日夜研鑽中です。ご本人と店長は主婦、スタッフは既婚者や独身と皆さん環境は違うけれど、1日3回のローテーションを組んで、無理なく働ける職場づくりに成功しています。

1か月のシフト作り「お互いさまだから」の体制

子育て真っ最中の店長・康代さん。1か月のシフトを作成するときはスタッフ全員から休みの希望日を聞いて、ライフワークの異なる皆さんが働きやすい職場づくりを心がけているといいます。

ご自身も含めて、お子様の急な発熱やスタッフ本人の体調不良によるお休みはスタッフ間で調整。これが可能なのも日頃からの「信頼関係」、そして「お互いさまだから」という協力体制、気持ちが嬉しいそうです。独身時代のようにがむしゃらに働くことは難しいけれど、「子育て中だからこそできる働き方、納得いく仕事をすることが大切では」と活き活きした仕事ぶりが伝わってきました。

ネイリストという職業にやりがいを感じ、施術後にお客様から「ありがとう」と感謝されると、OL時代には味えなかった達成感があるそうです。帰宅後はお子様と学校の話をしたり、勉強をみたり。こんなオンとオフの切り替えを大事にしているとも。「子供から働いているママが素敵！と思ってもらうのが目標です！」という店長さん、キラキラ輝いてましたね。

Noriko Kobayashi

カフェ＆ハーブ **カモミールミルク**

店主
フラワーセラピースクール講師

小林 法子 さん

創業 2010 年

http://www.chamomile-milk.com/
https://ameblo.jp/chamomilemilk1933/

自然の恵み、ハーブやアロマの専門店で起業

自らの体質改善から カフェ＆スクール開業へ

ハーブの心地よい香りで、心と体を癒すカフェ＆スクール「カモミールミルク」を経営する小林法子さん。店内ではハーブランチやオリジナルブレンドのハーブティーが味わえたり、アロマやハーブの販売、スクールを開講しています。

ハーブとの出会いは約18年前、自宅近くのアロマショップで体験したハーブクラフトでした。生け花の講師やパート勤務、4人の育児を全て完璧にこなそうとして疲れ気味だった心身が癒され、こんな世界もあるんだと感動したといいます。

小児喘息で生まれつき体が弱く、薬漬けだった小林さんにとって晴天の霹靂。「薬を飲めば健康になれると信じ、ちょっと体の調子が悪いと病院へ通ってたんですよ」と……。病気は自然治癒力で自ら治すものを実体験して以来、毎日少しずつ生活にハーブを取り入れていくうちに、心身共に健康な体質へと変わっていったそうです。

花と心理学のフラワー療法で お客様を健康で、笑顔に

自然の恵みであるハーブをもっと多くの人たちに知ってもらいたい一心で、数々のアロマ関連の資格を取得。8年前にお客様が気軽に立ち寄れ、相談できるカフェのあるハーブ専門店をオープンしました。

開業資金として200万円を用意、これ

Women Entrepreneurs

働き方 3つのキーワード

1. 笑顔で帰っていただく
2. 清潔感のある空間作り
3. フレンドリーな接客

までの貯金と旦那様から少し援助をいただき、起業へと至ります。現在では、精神面（心）のケアが大切なのではと、花と心理学を融合させたフラワー療法やフラワーエッセンスセラピスト育成講座、子供向けに四季折々の花々や植物で心を育てる花育も行っています。

　お客様一人一人に体（心）の中から元気になって、喜んでもらえること。毎日笑顔で過ごせるお手伝いをすることがやりがいに。花やハーブと接して暮らすことも生きがいになっていると嬉しそうに語ってくださいました。

オンとオフを切り替え生き生き楽しく働く人生に

　元気な時は精いっぱい働き、疲れた時はリフレッシュ。オンとオフの区切りをつけて、いつまでも生き生きと仕事することが「自分らしい働き方」と小林さん。と言うのもオープン当初、カフェとスクールを一人で切り盛りしていたので無理が重なり、両手が腱鞘炎になったという辛い経験をしたからです。そこから学んだのが自分自身が楽しく、心地よく働けることが長続きの秘訣だということ。そこで、移転オープンを機にスタッフを雇うことに。今では二人三脚で頑張っています。

「一人の力は小さいですが、二人だとその力は何倍にもなりますね」。

　将来は広い土地を購入してログハウスを建て、たくさんのハーブを育てながら暮らしたい。そして、ターシャの庭のように自然と皆さんが集まる癒しの場を作るのが夢だといいます。

Kyoko Mochizuki

パティスリー**ましぇり**

（株）UMASO 代表取締役
シェフパティシエ

望月 京子 さん

創業 2010 年（2015 年から法人化）

http://patisserie-ma-cherie.com/

自宅店舗で創業、法人化後は路面店へ移転オープン

憧れのパティシエを夢みて製菓衛生士の資格を取得

茨城県日立市で幸せづくりのお菓子屋さん「パティスリーましぇり」を経営している望月京子さん。二人の息子さんが幼稚園児だった頃、ＰＴＡ活動で芸達者な先輩お母様方に圧倒されつつ、自分も何か特技を披露したいとの思いから「手作り菓子への憧れ」に火が付いたといいます。

高校時代に旦那様と出会い、普通の主婦になりたいと26歳で結婚しますが、「お前の母は和装士、俺の母は保母、そんな環境で何も感じないのか！お前しか出来ない仕事があるはずだ」と49歳で逝去された旦那様の叱咤激励の言葉が、今でも起業した望月さんの原動力になっているそうです。

お菓子の道を極めたいと１９９９年に料理＆菓子研究家の藤野真紀子氏に入門。その傍ら市内にある和洋菓子店で働きながら、２００１年に祈願の国家資格「製菓衛生士」を取得します。これらの技術と資格を基盤に自宅でお菓子教室を開講、小・中学校へも出向いて指導にあたっていました。

そんな軌道に乗っていた40代後半、旦那様の突然の死に直面。その数年後に望月さんから「エピソード＆お菓子レシピの本を作りたい」という話を頂戴し、１年の歳月をかけて一緒に作り上げた著書『お菓子で幸せづくり』。ここから彼女の描いた夢が本格的に始動していきます。

誕生日、結婚記念日、卒入園、節句、七五三など人生の節目にお菓子で幸せづくりをお手伝い。スイーツイベントへも積極的に参加していったのです。

2011 年 4 月に出版した『お菓子で幸せづくり』
望月さんの手作り菓子への想いや心に残るエピソード、オリジナルレシピが詰まった一冊です

働き方 3つのキーワード

1. 経営は健康管理・維持から
2. 見聞を広め社長業に活かす
3. 尊敬される人格形成に努力

長男との共同経営で新生「ましぇり」が始動

郵便局とタイアップしたオリジナル商品「円満かすていら」のギフト販売、地場の素材で作るケーキや焼菓子、銀座の茨城県アンテナショップへの納品など、販路拡大を試みます。その反面、2010年より自宅の庭に開業した店舗の集客や売り上げ、体制に憂慮していった望月さん。同時期に大型ショッピングセンターの銘店への出店依頼が重なり、店を存続するかを検討していた時期でもありました。

その旨を当時25歳の長男に相談したところ「じゃあ僕がやるよ」とUターンしてくることに。そして2015年1月に法人化し、人通りの多い路面店へと移転を決断。新生「ましぇり」が誕生しました。

「おいしい手作りお菓子」は踏襲し、さらにお客様とのコミュニケーションを大切にした経営へと乗り出します。息子さんと悪戦苦闘しながら戦略を練る日々。DMや誕生日クーポン、スタンプラリー、スタッフの研修、技術力の強化など……。

市内では唯一チョコ専用ショーケースを配置し、通年高品質なチョコレート菓子を手作りで提供できる店舗になりました。

「親子ならではの難しさもあります。その中でも互いに協力し合い、時には親として、また先輩上司として叱咤することも」と母親ならではの愛情溢れる教えに感慨深いものがありました。

経営者の勉強会にも参加し、先々は現場を息子やスタッフに任せられるような体制にしたいと社長業に意欲的な望月さん。

「今後は地元日立市の大煙突をモチーフにしたスティックケーキを開発し、日立といえばこれと言われる土産物に育てたい」と夢を語ります。

Shiori Iida

株式会社 エルドラード
代表取締役
飯田 志織 さん
創業 2003 年
http://www.eldorado-s.com/

小さなテナントから起業、3年後に自社店舗で法人へ

子供の頃の想いを胸に好きなコトで起業

好きなコトを仕事にしたいと20代前半で起業し、小さなテナントからスタートしたパワーストーン専門店オーナーの飯田志織さん。3年後には夢に描いた自社店舗へと移転オープン、自然から産まれた天然石の良さを広めるために会社を設立し、15周年を迎えました。

子供の頃、旅行先でみつけた石やパワーストーンに惹かれ、収集していく飯田さん。

当時から石が持つエネルギーや力を体感し、ただ綺麗というだけではなく、「この石はお守り、この石はお友だち運……」と意味を込めながら、大切に持っていたそうです。大人になってからもその不思議な力に魅せられ、導かれるように「今の自分がある」とエピソードを話してくださいました。

高品質で、豊富な品揃え天然石の魅力を伝える専門店

起業するときにこだわったのは、あれこれ色々なものを扱うショップではなく、一つのことを極めた店舗づくり。そこで誕生したのが、パワーストーン専門店「エルドラード」です。

天然石1級の資格をはじめ、石に関する専門知識を磨いて、自分の目で確かめながら仕入れから販売までを自社で行ってきました。現在では500種類以上の豊富な品揃え、高品質な本物の石だけを厳選してきたのが大きな強みになっています。

カウンセリングしながら、お客様の誕生石や願望、悩みに合わせて制作するブレスレットやストラップは評判を呼び、リピーター客も多く、10年以上通い続けるファンや有名人の来店も増えてきました。

お店を始めた頃はパワーストーンの

働き方 3つのキーワード

Women Entrepreneurs

1. 信用・信頼関係
2. 感謝の気持ち
3. 努力を惜しまない

認知度は低く、その価値を知ってもらうまでに長い時間を要し、大変なご苦労もあったようです。銀座に2店舗目をオープンした際は、本店（水戸市）と掛け持ちしながら両立することの難しさを痛感しましたが、初心の気持ちを思い出すことができ、客層が広がり、とても良い経験になったといいます。

「お客様から喜びの声を頂戴したとき、店内のお便り掲示板から皆様のお役に立っていると実感したとき、やりがいを感じますね」と……。

総合的なアドバイスで お客様に喜ばれる店づくり

さらにお客様から愛され続ける店づくりを目指して、オーラ写真やメタトロン波動測定も取り入れました。あらゆる観点から分析しながら、その方にとって、いま必要な石や足りない石などを提案し、幸せのお手伝いをしたいと女性経営者ならではのキメ細やかな顔を覗かせます。

今後もパワーストーンに関する総合的なアドバイスをはじめ、来店されたお客様が元気になったり、気持ちが安らぐ雰囲気づくり、店舗経営を心掛けたいと、その夢は限りなく広がっていきます。

Aiko Kimijima

あとりえめるへん＆
ハートセラピーめるへん

バラ雑貨店オーナー
スピリチュアル系心理カウンセラー

君島 愛子 さん

創業 1986 年（店舗） 2011 年（セラピールーム）

http://meruhen5.jimdo.com/
http://ameblo.jp/meruhenlike/

心安らぐ場づくりで、お客様の笑顔を生きがいに

結婚後、子育てしながら自宅一階を店舗に起業

結婚前は保育士、結婚後は自宅一階を店舗にカフェ＆雑貨ショップで起業した君島愛子さん。今から30年前になりますが、当時、地方では雑貨店が珍しい時代。そこで、旦那様やご家族の理解を得て都内の専門学校へとノウハウを学びにいきます。

二人のお子様を育てながら顧客が増えていった10年後、大好きなバラをモチーフに「生活雑貨＆洋服」ショップへとリニューアルオープン、経営は順調に運んでいました。

更年期障害を乗り越え、新たな人生がスタート

仕入れから管理、ネット販売、オーナーとして一人何役もこなす忙しい毎日。そんな40代のある日、突然重い更年期障害を経験。めまいや頭痛で起きられない、倦怠感や微熱が一日中つきまとい、徐々に体調不良から心の不調へと移行していったそうです。

「明るく前向きだった自分は消え去り、自信を失ってお店に立てない、仕入れにも行けない、自分の心と身体はどうなってしまったのだろう」とそんな日々がしばらく続き、心身のバランスを取り戻すのに数年かかったといいます。こうした体験から心の仕組みに強烈な関心を抱き、東京の専門学校で心理学を勉強したり、精神科医師のセミナーや診察室の現場見学を通じて、ご自身の回復が遅れた原因を解明して

Women Entrepreneurs

働き方 3つのキーワード

1. 愛をもって向かい合う
2. 人として素直でありたい
3. 未来を信じて楽しく働く

いきました。

そんな矢先、未曽有の東日本大震災に遭遇。店内にあった食器等は無惨にも砕かれ、その損害は甚大、店を続けるべきか岐路に立たされたことも。

これらの困難も心理学を学んだことが功を奏し、「皆さんの心を包み、寄り添える場所を作りたい」と切実に思うようになりました。店舗内にセラピースペースを併設し、スピリチュアル系心理カウンセラーとして第2の人生を踏み出します。

ご縁に感謝しながら心安らぐ場づくりを

「人は誰でも無限の力を持っている。幸せは育てていけるもの。そして、どんどん大きくできるもの、その方法を発信し続けたい」と、ハッピーエネルギーレッスンも始めました。

お店のオープン以来、夢のある暮らしをお手伝いしながら、お客様の喜ぶ笑顔を生きがいにしてきた君島さん。

これからは雑貨店オーナーとスピリチュアル系心理カウンセラーの両輪で、「心安らぐ、癒しの場づくりをしていきたい」と心温まるメッセージを贈ってくださいました。

女性起業家が輝くためのレッスン1

自分の〝顔〟となる名刺を作る３つのポイント

仕事をする上で重要なツールの一つが名刺です。初対面で挨拶するとき、営業するときなど名刺は自分をアピールしたり、事業案内や連絡先を相手に伝えることができます。好印象の名刺は新しい仕事へつながるきっかけにもなっていきます。

Point.1

自分らしさや、店舗らしさが伝わるように心がける

- デザイン・色合い・紙質・体裁はタテ型かヨコ型にするか
- コーポレートカラーを使ったブランディングづくりをする
- イメージづくりをする（エレガント、ゴージャス、プリティ etc.）

Point.2

相手が名刺を整理したとき、思い出しやすいように顔写真、また HP やブログへと案内できる QR コードを入れる

- 展示会や交流会、会議等で名刺交換した後日、相手先があなたの名刺を見直した場合に思い出したり、印象に残っているか？

Point.3

伝えたい情報を簡潔に、仕事内容を見やすく整理する

- どなたが見てもわかるように事業内容を整理して入れる
- 連絡先を明記する（住所、電話番号、メールアドレス etc.）
- あなたのキャリアがわかる有資格や所属団体を入れる

「名刺」は相手に自分を伝える営業マンにもなってくれますから、心を込めて、ぜひ、自分らしさや仕事内容が伝わるように表現してみてください。

例えば、右記の「色彩力で健康高齢社会をサポート」をコンセプトにした名刺では、色の力で広がりをイメージしたマークを入れ、基調色に安らぎやリラックスを感じさせるグリーン、コーポレートカラーのブルーとオレンジ２色を使ってデザイン。裏面には「色彩力」をキーワードに人財・環境・広告から事業内容を紹介しています。

Part 2

セミナー＆資格

Women Entrepreneurs

Hiromi Tokuyama

YELL&WALK（エール＆ウォーク）

代表

生前整理アドバイザー

ハッピーLIFE&Endingアドバイザー

徳山 弘美 さん

創業2016年

http://kokorono-yutori.com/

超高齢社会の中で、幸せのゴールを使命に起業へ

親の介護と子供の受験期「生前整理」との出会い

超高齢社会の到来、自分らしい終い方が問われてきました。その課題にご本人自らが直面し、ご家族の介護といった必然性から生前整理アドバイザーに。「モノ・心・情報を整理し、より良い人生のお手伝い！」を使命に再出発された徳山弘美さん。

起業のきっかけは離れて暮らすご両親が高齢になり、お父様にパーキンソン病が発症、その介護生活が始まるやいなや、二人のお子様の大切な受験期と重なったことでした。

「どのように両親と向きあい、これから私はどうしたらよいのだろう？」と。旦那様は単身赴任中、ご自身は会社勤め、精神的に時間的にも不安が募り、押しつぶされそうになっていた頃、自分らしい生き方ができる『生前整理』の存在を知ったそうです。

高齢化が進む社会へ貢献 その想いを抱いて起業

介護や子供の世話、勤めながら何としても「生前整理」の資格を取得したいと一大決心。限られた時間を調整し、新分野へのチャレンジが始まりました。受講するうちに「これまでの人生を振り返り、見つめ直し、じっくりと考えることで、将来あるべき自分の

Women Entrepreneurs

働き方 3つのキーワード

1. 笑顔・自分も周囲も笑顔に
2. 学び・新しい情報を学び続ける
3. 繋がり・ご縁は宝物、大切にしたい

姿がみえてきた」と徳山さん。そして、8年間お世話になった会社へ正直な自分の気持ちを伝え、その半年後に退社しました。

「悔いは残したくない、親も家族も見守りながら、高齢化が進む社会へ学んだ生前整理の必要性を広めて一人でも多くの方の不安を軽くし、笑顔にしたい」と起業を決断します。この仕事をするきっかけとなったお父様が逝去し「生前整理は父からのプレゼントと胸に秘め邁進していきたい」と、その思いはさらに強くなっていきました。

得意分野の仲間たちと生前整理のイベント開催を

起業にあたっては創業スクールを受講され、独立後は勉強会で知識を深めたり、人脈を広げながら「お客様も家族も笑顔でいられる働き方」を基本に活動中です。会社員時代は収入も安定し、守られた環境で働けたが、個人事業主となると自ら解決し、前へ進んでいくことがいかに大事なことかと気づかされたとも。

セミナーを受講された方から感謝の言葉をいただいたときは本当に嬉しいし、この仕事を選んで良かった！続けていこうと思える瞬間だといいます。

近い将来、士業など様々な職種で頑張っている仲間と得意分野を持ち寄り、催事場や大勢の方が目にする場所で生前整理のイベントを開催したいと奮闘中。依頼されたお宅へ伺ったり、サポートや片付け作業、老後のイメージを明るくするセミナーを各地で開きたいと仕事への想いは尽きません。

ハッピーエンディングカード分類でエンディングの課題を見つけるワーク

Aki Hashizume

一般社団法人日本眠育普及協会
睡眠インストラクター
代表理事

橋爪 あき さん

創業 2008 年

http://min-iku.com/
http://bl-bahba-aki.at.webry.info/

睡眠教育と睡眠文化を広め、一億人の快眠を目指して協会設立

睡眠障害を克服するため インストラクターの資格を

ストレス社会の中で、睡眠の大切さが問われている現代、いち早く睡眠文化という切り口から睡眠教育に取り組んできた(一社)日本眠育普及協会代表の橋爪あきさん。その起業のルーツはご自身が10代後半から睡眠障害だったことにあります。

当時は世界的に睡眠学が確立されておらず、睡眠医療は皆無。橋爪さんは10代から不調を抱えながら、パフォーマンスの低い自分を責め続けてきたといいます。

しかし、50代に入り、「そんな人生を何とかしたい」と思ったとき、本屋で一冊の睡眠本と出会い、人生が大きく変わっていきます。折しも睡眠医学が知られ始めた頃で、日本が世界でも最悪の睡眠事情を抱えた国であることがわかったそうです。

「これは何とかして世間に知らせなければ」と、インストラクターの認定資格をとり、友人や知人を集めて広報活動を開始しました。最初は、睡眠に関心を持つなんて変な人だと思われたり、睡眠なんてどうでもいいからと無下に扱われたりしたこともしばしば。

睡眠の専門書を商業出版 任意団体から一般社団法人へ

独力で睡眠障害を乗り越えつつ、10年にわたって地道に普及活動をした結果、理解者が増えていきました。折よく政府が睡眠の指針を立ち上げ、マスメディアでも睡眠への関心度が高まったのも幸いし、著書『人生の3割をしめる睡眠が、残り7割の運命を決める』の商業出版を叶えました。そして任意団体から一般社団法人へ格上げすることもできたのです。

現在では自治体や学校からの講演依

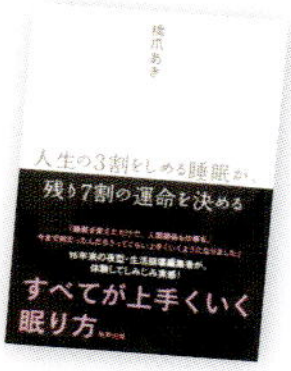

頼、メディアや業界からのオファーも増え、対応する内容の幅がとても広くなっています。

これまでを振りかえると、睡眠に対する社会ニーズの高まりに添って自然体で起業の道のりを歩み続けてこられたと橋爪さん。それが実現できたのは、長年苦しんできた睡眠障害を克服したいとの強い思いと周囲の協力の賜物だといいます。

「常に夢を持ち続ける、マイペースで楽しく働く、家族を大切にして仕事をする」をモットーに、眠りをテーマに様々な仕掛けづくりを繰り広げています。

眠りの大切さを知り、眠りを愛するムーブメントを

誰よりも睡眠の大切さを知っている橋爪さんのチャレンジは、大きく分けて二つ。一つ目は「働き方改革は、眠り方改革なくしてはありえない！」をスローガンに、睡眠だけではなく食育や運動、メンタルなどを組み合わせた総合健康研修を実現すること。二つ目は、これまでにも眠りを楽しむ展覧会や睡眠文化のイベントを開催してきたそうですが、今後はさらに睡眠への関心を深めて欲しいとスポンサーを募って、大きな催事を開催したいと意欲を覗かせます。

Women Entrepreneurs

働き方 3つのキーワード

1. 人間関係を大切に
2. 真摯な態度で
3. 果報は寝て待て

Megumi Nakayama

代謝改善ダイエット代表

Skin & Body Care「月の石」オーナー

中山めぐみさん

創業 2004 年

https://taishakaizen-diet.com/

ダイエット成功体験から、その道のエキスパートで独立開業

自らの肥満体質を改善 その可能性を信じて

女性のキレイを応援する代謝改善ダイエット代表、Skin & Body Care「月の石」オーナーの中山めぐみさん。その起業したきっかけとなったのが、ご自身が幼少期より20代半ばまで世間一般にいわれる肥満児で、体質改善にずっと悩んできたからだといいます。

毎日、美味しい食に囲まれた料理旅館の家に育ったこともあり、小学校時代には「子供の成人病予備軍」として保健室の先生のブラックリストに入れられ、食事指導を受けたことも。

その根本原因は、お客様が帰った後に夜遅く夕食を摂るのが習慣化され、食事時間が不規則だったことが影響したのではと中山さん。思春期以降は○○だけダイエット、○○抜きダイエットに挑戦しては挫折、リバウンドを繰り返す中で光が見えたのは26歳の時でした。初めて正しいダイエット法に出会い、30キロの減量に大成功。この貴重な体験が自信となり、「人って変われるんだ！」と実感したそうです。

代謝改善ダイエットサポートを 体育学専門家と共同開発

それからというもの人間の身体に興味を抱き、フィットネスセンターフロントやエステ、マッサージサロンなどで勉強を重ねていきます。その努力が実って２００４年に起業、出張リフレから始まりエステサロンを経営すること約10年、その間に習得した施術や資格、食事療法を活かして２０１３年より本格的なパーソナルダイエット指導をスタートさせました。

筑波大学大学院卒・体育学専門家の特別顧問苦瓜さんと「代謝改善ダイエットサポート」を共同開発し、画期的な挑戦を始めています。食事改善

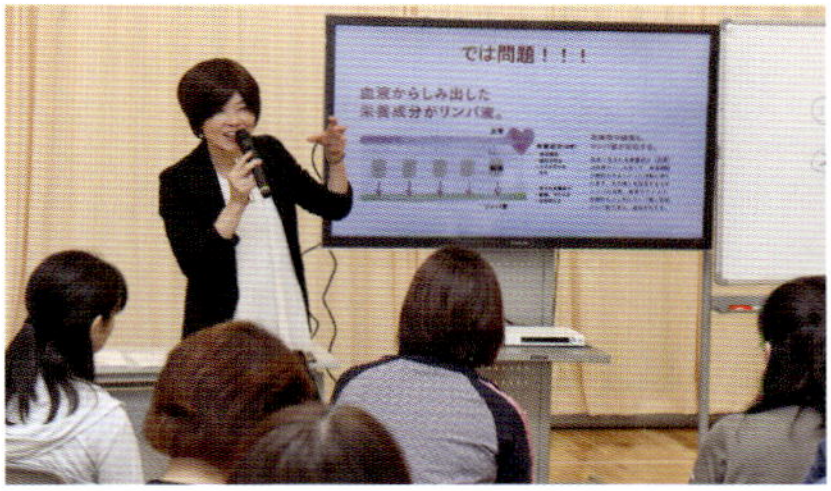

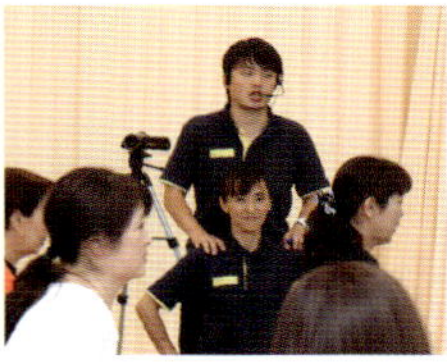

体育学専門家
特別顧問の苦瓜さん

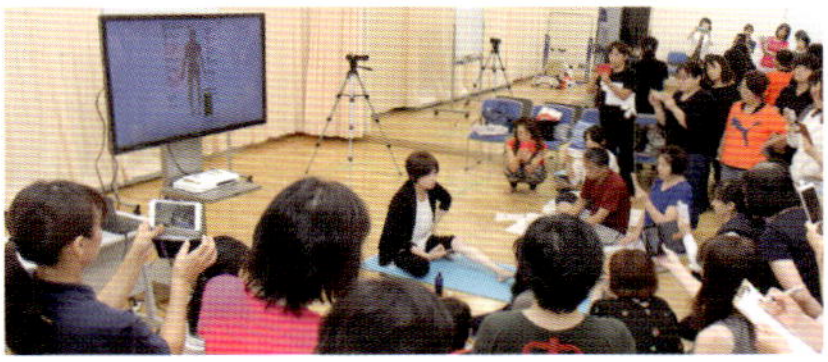

Women Entrepreneurs

働き方 3つのキーワード

1. 健康
2. 内側から輝く綺麗
3. パートナーシップ

指導や時短レシピの伝授、メンタルサポートやマッサージ、運動理論に基づいたシェイプアップトレーニングなどのプログラムを展開中です。

誰でも簡単に作れるダイエット向けのオリジナルレシピは70種類以上、受講生から料理上手になったと喜びの声も届くほど。そして、卒業生たちが容姿だけでなく内面にも自信を持ち、胸を張って卒業していく姿をみることがやりがいになっていると。都内や地元つくば、守谷で「ダイエット・食・健康」セミナーを開催したり、健康雑誌へ執筆するなど仕事の幅を広げています。

ダイエット指導者の育成を目指して全国展開へ

ここ数年、指導を受けてダイエットに成功した生徒さんやセミナー受講生の中から「代謝改善ダイエット」の理念を一緒に広げたいという方が増えてきたそうです。より多くの方へ健康的で、高齢者にも無理のない「代謝改善ダイエット」を伝えながら、肥満に悩む方の体質・生活習慣改善をお手伝いしたいと、ダイエット指導者を育成するための新規プログラムを立ち上げました。「次なる夢は、そんな彼女たちをクライアントに感謝されるダイエット指導者として成功させたい」と指導にあたっている中山さん。

これまで降りかかる困難を乗り越えてこられたのは、自分一人の力ではなく支えてくれたスタッフや顧問、家族の力や知恵が大きかったと、感謝の思いがあふれていました。

Yuriko Watanabe

未来塾
代表
メディカルエグゼクティブコーチ
渡邉 百合子 さん
創業 2017 年
yuri.w-balleta@aa.cyberhome.ne.jp

キャリアを活かして、医療現場に新しい風を

薬剤師や人財開発部長のキャリアを活かして起業

長年にわたる薬剤師の実務や人財開発部・部長の経験を活かし、『未来塾』を立ち上げた渡邉百合子さん。

幼少時代から医師だったお父様が患者のために奔走する勇姿を見て育ち、ご自身も医師になって僻地に赴き、地域住民へ医療不安のない安心を提供したいと思ったこともあったそうです。敬愛するお父様の最期を看取った時、「父や患者さんの無念さ、悲しい思いが起業した原点にあった」といいます。全ての患者さんの尊厳が守られ、働く者が誇りを持ち続けられる医療現場の実現をめざしてスタートしました。

現在、メディカルエグゼクティブコーチとして病院や医療機関の経営幹部のインタビューやコーチングを行い、職員を勇気づける研修や講演会等を提供、人財育成に力を注いでいます。

40代後半に大抜擢、新しい働き方の道を拓く

「自分に与えられた仕事は役割!」と考え、懸命に働いてきたと人生を振り返ります。大学卒業後は製薬メーカー研究員、結婚で寿退社して出産するがほどなく離婚、シングルマザーとして再スタートを切ることに。

ご両親のバックアップで娘さんを育てながら、27歳で非常勤病院薬剤師から仕事へ復帰し、キャリアを積んでいきました。34歳から国内有数の医療グループの基幹病院に勤務し、薬剤部科長になるも、女性はトップになれないといわれ続けたとも。それでも患者さんのためにできることを模索し、病院内を駆け回る日々。そこで経験した患者さんを救えない薬剤師の限界と虚しさ、ジレンマ……。

チャンスが到来したのは40代後半、ご自身がメンターだという院長先生と

「リーダーシップとモチベーションの維持」をテーマに
彩の国東大宮メディカルセンターにて講演

Women Entrepreneurs

働き方
3つのキーワード

1. 可能性を信じて続ける
2. 自分の仕事を全うする
3. 導かれたものに感謝

運命を変えた恩師である「彩の国東大宮メディカルセンター」坂本嗣郎院長と打合せ

の出会いから、グループ本部経営幹部候補に大抜擢され、人財開発部設立に携わることになりました。そして企業派遣で大学院へ入学し、MBAを取得、グループ女性初の部長職として、新しい働き方の道が拓けます。

10年間、「組織は人。職員は財産」というグループオーナーの思いを受けて職員の組織ロイアリティ醸成やモチベーションアップ、リーダー研修等を通じて、次世代を担う人財育成に邁進していきました。「仕事は自分がいなくなった後に繋がっていることが、その人間の価値」を信念にしながら。

亡き父の医療への思いを娘から孫へと繋げたい

これからの時代、コミュニケーション力を磨くことが組織に必要だと感じた渡邉さんは、退職後にコーチングを学び、より人間力や技術力を高めて個人事業主として独立します。

『臨床の実績＋MBA＋コーチング技術』を併せた切り口から、新たな第一歩を踏み出しました。患者さんやセミナー受講生から「ありがとう、あなたに会えて良かった」といわれ、その人たちに小さな変化が起きたときが最上の喜び、醍醐味だとも。

「娘が医師になり、父の意思を繋げてくれている。孫ができ、その意思を未来へと繋いでくれたら最高ですね！」と、満面の笑みで母親の横顔を覗かせます。

Rina Takagi

R-style

代表
アロマセラピスト

高木りなさん

創業2006年

https://ameblo.jp/salon-harunire/

環境の変化にあった柔軟な働き方で、夢を実現

手に職をつけたいと アロマセラピストを目指す

アロマの香り漂うサロンでの施術、講座やセミナー、企業様と連携したイベントを通じて皆様を楽しく幸せにしたいと、さらにパワーアップして「R-style」を立ち上げた高木りなさん。セラピスト歴17年、清楚な優しい笑顔で包み込んでくれる、まさに癒しのスペシャリストです。

そんな彼女はバブル崩壊後の就職氷河期世代。やっとの思いで職には就いたものの、その職場で30年以上働く自分の姿が想像できず、かといって何の特技もない。当時は無価値観の塊だったといいます。

「とにかく手に職をつけたい」との一心で学び始めたのがアロマテラピー。幸いにもアロマサロンのアルバイトが決まり、セラピストとしての人生がスタートします。美しくてユーモアあふれる先輩方からの指導を受けながらセラピストデビューを果たし、夢の扉を開いていくことに。

一生の仕事をみつけて 30歳を目前に起業

アロマセラピストの職業に魅了されたのは、「とにかくお客様が来店された時と、帰られる時の顔が全然違うんです」と。人はストレスを解放してリラックスすると本来持っている美しさが戻り、優しい笑顔になれることを体感し、この上なく感動したといいます。

同時にお客様から「ありがとう」「また会いに来るわ」と温かな言葉をいただいたことで、「これを一生の仕事にしたい。30歳までには自分のサロンを持つ」と決心。その資金を貯めるためにOLとセラピストを両立させ、30歳になる1カ月前に念願のサロンをオープンしました。

Women Entrepreneurs

働き方 3つのキーワード

1. 女性らしく自分らしく
2. 自分も周りも幸せになること
3. つまらないこだわりを捨てる

独身時代に起業したが、結婚による引っ越しや出産、育児といった環境の変化があり、大好きだったセラピストの仕事を何度か手放そうとしたり、実際に転職したこともあったそうです。

実は本音を封印して「何（家族）かを手に入れたのだから、何かを失ってもしょうがない」と。今から思えば、そんなルールはないわけでと笑います。

その頃を振り返ると、自分の給与は保育園代に消え、子供が体調不良でも夜中まで帰れず罪悪感に悩まされたり、頭を下げなければならない場面や旦那様に腹が立つときも（笑）……。こんな経験をしながら、いかに自分のフィーリングや周りとの調和が大切かということに気づいたといいます。

セラピーの普及を通じて 誰もが楽しく幸せに

いよいよサロン業を再開、新たにスクール業も展開しますが、落ち込んだり、別の課題が生じてきます。「困難って次のステージへ向かう時に出現するもの。こんなときは、しっかりと自分の人生のハンドルを握り、この先にはもっといいことがあると信じ進んでいきたい」と、前向きに取り組む高木さん。

近年は仕事や金銭問題、人間関係、介護などのストレスから心身のバランスを崩す人が増加する中で、誰もが楽しく幸せになれる「癒し」を伝えていくことが自分の使命だとも。一人一人がストレスケアすることが、いじめや自殺、病気を減らすことへ繋がるとセラピーの普及に情熱を傾けています。

少子化・超高齢社会に求められるワーク・ライフ・バランス

ご周知の通り、大手企業では働き方改革を導入し定年制の延長やテレワーク、託児所の設置などの試みが始まっています。子育て中のお母様が趣味や特技を活かし、自宅でプチ起業するケースをみかける機会も多くなってきました。

このように年齢や性別、価値観、ライフスタイルなどにとらわれないダイバーシティ的な働き方が求められてきているのです。

最近では「ワーク・ライフ・バランス」といった生き方が注目されています。元々はアメリカで生まれた概念ですが、「仕事と生活の調和」という意味になります。日本でも働く女性が増え続ける中で、夫婦間での家事・育児・介護等の分担、仕事と家庭の両立をめざしながら、調和のとれた暮らし方へと少しずつ移行しつつあります。

平成 29 年 3 月には育児・介護休業法も改正され、結婚や出産、育児、夫の転勤、親の介護などライフイベントに直面することが多い女性にとって、理想的な「ワーク・ライフ・バランス」へと向かう明るい兆しが見えてきたように思えます。

40 年間で変わったきた、男女役割分担の考え方とは

左記のグラフからも男女の役割分担の意識が大きく変わってきたことがわかります。昭和 54 年では「夫は外で働き、妻は家庭を守るべきである」に、＜賛成 & どちらかといえば賛成＞の女性が 70.1%、男性が 75.6% と 7 割以上という結果でした。それが約 40 年後の平成 28 年では、賛成派の女性が 37%、男性が約 44.7% とかなり減ってきています。この結果とは逆に＜反対 & どちらかといえば反対＞は、女性が 22.8% から 58.5% へ、男性は 17.4% から 49.4% と大幅に増え、「夫は外で働き、妻は家庭と守る」という考え方が時代と共に変遷、特に男性の意識が大きく変わってきたことがわかりました。

※平成 19 年 12 月 18 日、政府、地方公共団体、経済界、労働界の合意により、「仕事と生活の調和（ワーク・ライフ・バランス）憲章」が策定され、現在、官民を挙げて様々な取り組みが進められている。

性別役割分担意識の変化

「夫は外で働き、妻は家庭を守るべきである」という考え方（性別役割分担意識）に反対する者の割合（「反対」+「どちらかといえば反対」）は、男女とも長期的に増加傾向にあり、かつ、平成28年調査では、男女ともに反対の割合が賛成の割合（「賛成」+「どちらかといえば賛成」）を上回っている。

「夫は外で働き、妻は家庭を守るべきである」という考え方に関する意識の変化

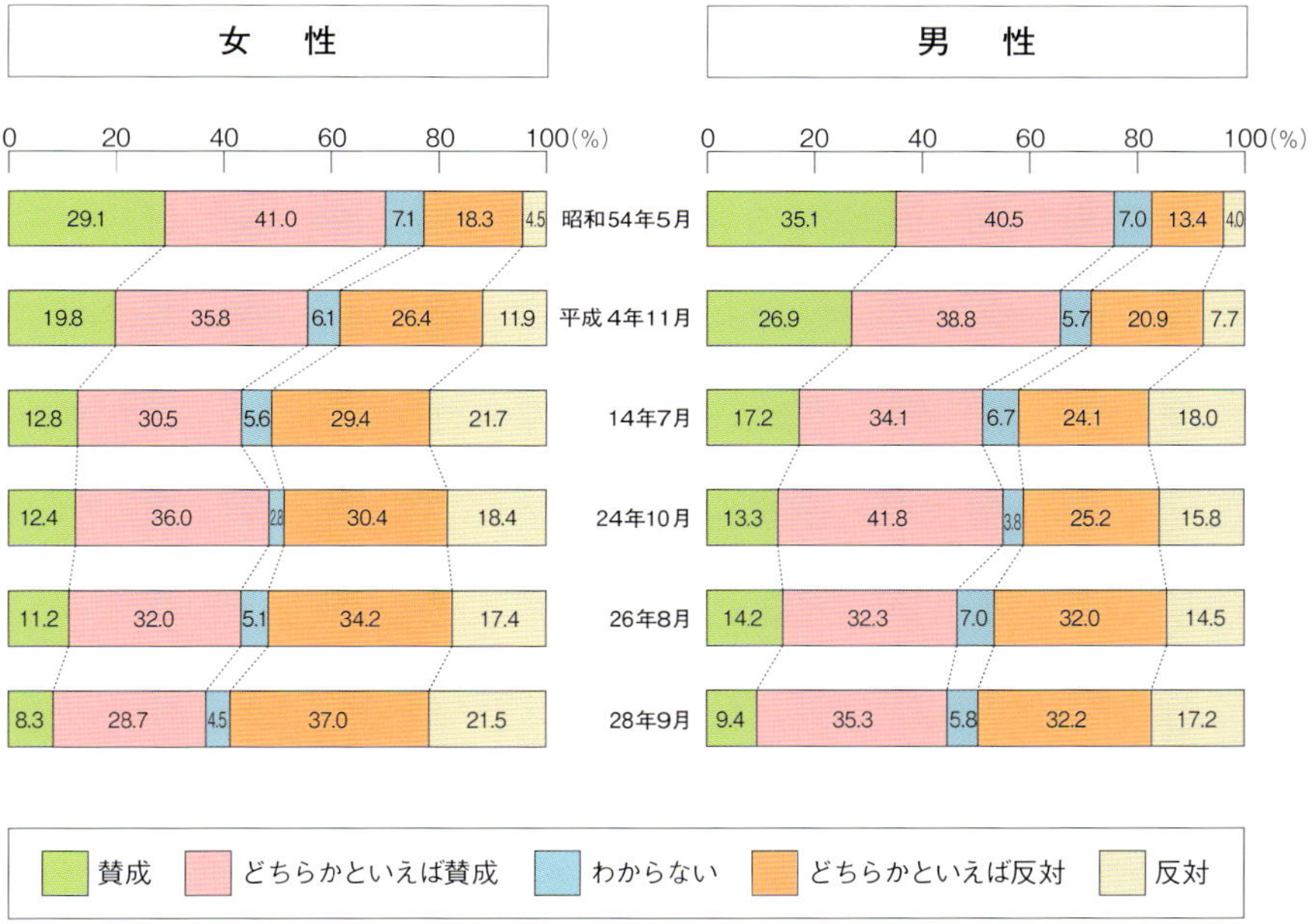

（備考）

1. 内閣府「婦人に関する世論調査」（昭和54年）、「男女平等に関する世論調査」（平成4年）、「男女共同参画社会に関する世論調査」（平成14年、24年、28年）及び「女性の活躍推進に関する世論調査」（平成26年）より作成。
2. 平成26年以前の調査は20歳以上の者が対象。28年の調査は、18歳以上の者が対象。

＜内閣府男女共同参画局　男女共同参画白書（概要版）平成29年版より引用＞

女性起業家が輝くためのレッスン２

豊かな人生をおくるためのキャリアデザイン

どんな人生を歩みたいですか？「自分らしく生きる」には長期的なキャリアプランを立てることが大切になってきます。

そこで、サニー・ハンセン氏が提唱するライフキャリアの中で「人生の４つの要素」と「６つの課題」を紹介します。生涯を通じて誰しもがキャリアを積み重ね、成長していきます。これらを個人の満足にとどまらず、社会的な広い視野も入れながら人生設計していくと「自分らしく心豊かで、充実感あふれる一生」がおくれるといった考え方です。

その根底には「仕事・学習・余暇・愛」の４つの要素があり、バランスよく調和させていけば「生きがい」のある人生になると言っています。

＜人生の４つの要素（４つのL）＞

仕事 Labor	学習 Learning	余興 Leisure	愛 Love

そのために下記の6つの課題をクリアしながら総合的に人生を設計し、より楽しく、かけがえのない生涯にしていきましょう！

＜キャリアプランの６つの重要課題＞

課題.1	グローバル（世界や社会、環境）な幅広い視点から仕事を選ぶ
課題.2	有意義な人生をおくるために「身体・心・精神」を調和させる
課題.3	家庭の中で育児や家事、介護等を分担し、男女の共同共生をめざす
課題.4	性別や人種、能力、性格等の違いを認め、多様性を生かす
課題.5	仕事を通じて社会貢献や自分の存在意義、人生の目的をみつける
課題.6	仕事の転機やライフイベントに柔軟な対応ができるようにする

Part 3

カウンセリング＆セラピー

Women Entrepreneurs

婚活サロンaurora（アウローラ）
代表
婚活プランナー
吉田 貴美 さん

創業2014年

http://aurora-ma.net/

Kimi Yoshida

子育ても一段落、生涯の仕事をみつけて起業

持ち前のお世話好きで50代から婚活プランナー

保育士から結婚を機に飲食店経営者の妻となり生活が一変したアウローラ代表・婚活プランナーの吉田貴美さん。20代から40代は子育てに奔走する中でお店のスタッフにも母親のように接して上から意見を押しつけるのではなく、「一緒に成長していきたい」と常に心がけてきたといいます。自ら厨房に入って皿洗いをしたり、自然体でコミュニケーションしながら、居心地のよい雰囲気づくりをされてきたとも。

そんな多忙な日々を切り盛りしていた吉田さんの心に変化が訪れます。子育てが一段落した50代に差しかかる頃、「自分の人生、もっと多くの人と関わりたい、これまでの経験を生かせる仕事は何か？」と……。持ち前のお世話好きが高じて、婚活サロンを始めたそうです。旦那様に相談したら、「いいんじゃないの！」と快諾いただき、晴れて2足のわらじを履くことに。

感謝の心を大切に出会いをサポート

今や空前の少子化時代、晩婚化も社会現象になっています。そこで、吉田さんはネットで気軽に相手を探すだけではなく、仲人の連盟に加盟して「安心安全なお相手探し」をサポート、『仲人型結婚相談所』で起業しました。

対面型の結婚相談を主軸に、婚活パーティーや婚活セミナー、仲人同士の間でもお相手探しを試みています。

そして、「自分を必要とする人がいる」ということが生きがい、やりがいになっています。「結婚も同じ。パートナーは、ありがとうを声に出し、あなたは必要な存在ですと感謝の気持ちを伝えることが大切！」というのが吉田さんの持論です。

Women Entrepreneurs

働き方
3つのキーワード

1. ありがとうの感謝の気持ち
2. 努力は嘘をつかない
3. 自分の心を満たしてこそ、他者への愛情が注げる

出会いのチャンスが少ない昨今、「仕事しながらも上手に時間を作って、もっと気軽に婚活サロンへ足を運んで欲しい」とお一人お一人に向き合い、誠実に話していきます。

「モテない人が行く所・暗い・恥ずかしい」といった印象、既成概念にとらわれない生き方に気づいてもらう努力を積み重ねています。

結婚のプロを目指して 幸せづくりを喜びに

色々なジャンルにプロフェッショナルがいるように、『結婚もプロにまかせて！』が当たり前の時代にしたいとも。「結婚は他人同士が一緒になるのだから思いが通じないこともあるかもしれない。でも、一人より二人、子供が授かれば人生観も大きく変わる。結婚は素晴らしい！だからこそ、最良のパートナーと出会い、新しい結婚のカタチを作り上げて欲しい」と優しい眼差しで語ります。

これからも「人の幸せを喜び」にされる吉田さんは〝型にはまらないその人らしい結婚〟をサポートしたいと次なるチャレンジが始まっています。

Emiko Kanehara

センスエモーション・カウンセリング
心理カウンセラー
金原 恵美子 さん
創業 2013 年

http://www.senseemotion.com/
https://ameblo.jp/outounegau0501/

娘の自立を機に、カウンセリングを生涯の仕事へ

娘と悩み、寄り添いながら心理カウンセラーの道へ

物腰柔らかな雰囲気、静かな口調で心理カウンセラーになられたきっかけを語ってくださった金原恵美子さん。10年の歳月にわたり、娘さんが不登校や引きこもりになったことが転機になったそうです。

大きな不安を抱えながら、最初は公的機関や病院、民間の相談所などへと足しげく通ったものの、改善されない状態が何年も続いたといいます。

「なぜ、こんなことになってしまったか？」と自問自答し、娘の気持ちを理解したいとの想いから心理学を学ぶようになりました。

研鑽を積むにつれて、その原因は娘への自分自身の接し方に問題があり、子供が自立しない子育てに気づいたという金原さん。試行錯誤しながら対応を変えていくことで、娘さんは自分の力で外出できるまでに回復していきました。驚くことにその期間はたったの1年。悩みの状況をイメージした独自の「チェアワーク」カウンセリングが良い方向へと舵をとってくれたともいいます。

個人経営ならではの采配でやりがいを実感！

心理カウンセラーになって5年。起業したては煩雑な経営の仕組みや重い症状のクライアント様への対応などの課題にぶつかり、その都度、専門機関へ相談したり、メンタルサポート研究所で学んで解決してきたそうです。

「独立して大変さはありますが、悩んでいる方々が元気を取り戻す姿を見られる喜び、人の心の奥深くに携われることはありがたいですね」と金原さん。この仕事をする以前から聞く事や話す事が好きだったので、自分の適

Women Entrepreneurs

働き方 3つのキーワード

1. 拗れた心の解析・修復・学び
2. 誰かの助けになること
3. 定年なく働けること

チェアワークでカウンセリング→

性が活かせているとも。個人経営ならではの良さを発揮し、企画したいセミナーのアイディアをすぐ形へとしていくのも金原流の働き方。一生学びが必要な職業に生きがいを感じながら、日々、心理学への奥義を深めている清々しい姿が印象的でした。

同じ悩みを持った方々が予行演習する集いの場

心理カウンセリングや養成講座の充実をはじめ、金原さんの大きな一つの夢は、対人恐怖症など悩みをお持ちの方々が集う団体やグループを作っていくこと。その目的は、一般の人といきなり関わる手前に、自分の力で人間関係や信頼関係が作れる『予行演習の場』を提供したいという湧きあがる想いから生まれたビジョンなんですと、温かな眼差しで話してくださいました。

合同会社ルネ・アート

代表

アートセラピスト（臨床美術士）

永池 雅子 さん

創業 2011 年（2017 年から法人化）

http://www.rena-art.com/

http://ameblo.jp/rena-art0712/

Masako Nagaike

アートセラピー（臨床美術）で、メンタルケア＆コミュニケーション

活動を点から線へ 個人事業から合同会社に

「アート」と「コミュニケーション」を融合させ、独自のセラピーで心のストレス緩和や脳のリハビリ、講座、作家活動を展開しているルネ・アート代表・臨床美術士の永池雅子さん。

美術短大卒業後、屋外広告デザイナーとして勤務、その後は人材教育コンサルティング会社を経て30代後半、臨床美術の学校で新たに美術を学び直して２０１１年に起業、介護施設や企業向けの講師、おうちサロン等でワークショップを行ってきました。

これら積み重ねてきた経験を通して、点（個人）として動くことに限界を感じた永池さんは、現場力のある臨床美術士やコンサルタントの仲間と成長を支えあいながら、面（チーム）で動きたいと思うようになります。「良いものを安定的、継続的に提供したい」と、２０１７年の秋より合同会社として一歩を踏み出しました。

不慮の事故から気づいた道標と教育の大切さ

起業した根本的なきっかけは、学生時代に遭遇した事故により利き手神経を切断。同じくしてご両親を亡くすといった不運に見舞われたことにありました。手術や入院生活の中で失いかけた自己感覚を、リハビリ室で描く行為によって感じた「楽しい」という感情で、生きる実感と希望を取り戻した体験が大きかったと当時を振り返ります。

20歳でご両親を突然失った精神的痛み、世の中の不条理に心が折れた時、彼女を力強く支えてくれたのがケースワーカーや医療者、弁護士といったプロの大人たち。道標を示し、逞しく生きる知恵を授けてくれたことが今の自分に繋がっているとも。

アートセラピーのワークショップ

Women Entrepreneurs

働き方
3つのキーワード

1. 創造性
2. 繋がり
3. 遊び心

神保町のカンダコーヒーで開催した「Masako Nagaike 展」

さらに生きる力を失わなかったのは、周りに合わせることが困難（学習障害的）な兄を含めた子供に対する母親の対等なコミュニケーションや、両親の愛情あふれる数々の言葉、幼い頃から強い意志を育んでくれた教育にあったと穏やかに語ってくださいました。

本物の健康をテーマに芸術の社会的価値を高めたい

「絵を描く、モノを創る」といった芸術表現の可能性をいろいろな方々に楽しんでいただきながら、これらが療養効果や心身の内的変化へつながり、日常や未来が変わっていくこと、さらに個人の変化が未来社会を創る希望を生きがいに活動している永池さん。

ストレス社会の中で「本物の健康」をテーマに、様々な分野で働く方々へ向けてメンタルケアや研修事業、ワークショップや個人セラピーなどを実践しています。「まだまだ日本ではアート活動の産業化が未発達なので、微力ながらも貢献していくことがリアルな夢。そして総合的に芸術の社会的価値を高め、感じ表現することのできる人間そのものの価値をも上昇させたい、これは人生をかけて実現したい夢ですね」と熱いメッセージ！

ヒーリングサロン＆スクール Felicita

主宰
スピリチュアルカウンセラー

エレン さん

創業 2010 年

http://www.f-ellen.jp/
https://ameblo.jp/felicita-cafe-aroma/

Ellen

逆境をバネに、学びから天性を生かして起業

結婚、出産、離婚を経て経済的に自立したいと起業

どんな逆境も「笑顔」で乗り越えてきたとスピリチュアルカウンセラーのエレンさん。22歳で結婚してから波乱万丈な人生、これらの試練や苦難はご自身が今の職業へ導かれるために必然の学びだったのではないかと語りはじめました。

ご長男が3歳になった頃、独身時代の幼稚園教諭の経験から出産後は保母として仕事復活。親業の学びを通して二児の育児や家事、旦那様の事業を手伝う忙しい毎日でしたが、DVや事業の失敗等、今では想像できない苦労を経験したそうです。こんな話ができるのも子供たちが社会人になり、過去の出来事として捉えられるようになったからだといいます。

苦境下にあっても母親として「子供たちの前では涙をみせない、笑っていよう」と心に誓い、明るく振る舞い頑張ってきたと……。

10年程前から一人の女性としても経済的な自立を決意します。アロマオイルやパワーストーン、エンジェルカード等を扱う雑貨ショップの店主を経て、2010年に現在のヒーリングサロン&スクール「フェリチータ」で起業しました。

逆境から学んだ経験を糧にスピリチュアルカウンセラーへ

幼い頃から目に見えない不思議な力をご自身で体験されてきたという彼女は、その天性からのスピリチュアル能力とこれまでの経験を活かし、お客様

Women Entrepreneurs

働き方 3つのキーワード

1. 愛
2. 喜び
3. 感謝

の悩みに深く寄り添う鑑定やカウンセリングをされています。

「何をするために生まれ、何をして生きるのか……魂の目的、さらなる喜びある人生のために、少しでも悩める皆様のお力になれたら」との思いでセッションする日々。長きにわたる怒涛の生活から抜け出すために自ら学び、問題解決してきた様々なコーチングや心理学（レイキ伝授・エンジェルカード・個性数秘学・手相人相）を組み合わせた独自メソッドでセラピストの養成にも力を注いでいます。

アメーバブログでは占い師としても活動中。全国や海外在住の日本人から電話やスカイプで相談を受け、幸せメッセージを贈るエレンさんです。

夢は癒しのサロンを建て お客様を輝く笑顔に

度重なる夫の問題で苦労してきたからこそできること。それは一人でも多くの女性に経済的、社会的に自立して欲しいとの願いからカウンセラーを育てる養成講座や、プロのカウンセラーにカウンセリングも行っているそうです。お客様の心の苦しみが癒され、多くの皆様の輝く笑顔に出会えることがやりがいであり、生きがいとも。

将来の夢は、「吹き抜けのリビングとサンルーム、サロンを設けた家を建てること、スピリチュアルビューティーの本も出版したいですね」と、優しい微笑みが返ってきました。

Kimiko Hanawa

ビオナチュラルケア サロン＆スクール
主宰
塙 貴美子 さん

創業 2006 年

http://hanawakimiko.com/

植物療法とシンギングボウルの倍音で、女性の輝きを

都内からUターン 自分らしい働き方で独立

植物療法のバッチフラワーレメディとシンギングボウルの倍音を組み合わせ、心身の不調に悩む女性のケア、もっと輝きたい女性の可能性を広げたいと、「ビオナチュラルケアサロン＆スクール」を主宰する塙貴美子さん。

起業を意識したのは40歳目前。長く音楽関係で働いてきたものの、職場の人間関係が引き金となり、「いつまでこの会社にいるの?やりがいある仕事がしたい！一人でできる何かを探したい」と考えるようになったといいます。あれこれ模索する中で、体や心に影響を与えるアロマセラピーに惹かれ、会社を退職して専門の勉強を始めます。

幸いだったのが、アロマスクール在学中にアロマサロンをオープンしたい某会社から責任者を依頼され、全くの未経験だった彼女がサロンの立ち上げからマネージメント、セラピーに従事できたことでした。

しかし、頑張りすぎから体調を崩した塙さん。人を癒すセラピストが疲れ切ってることに疑問を感じ、家業の歯科医院建て替えを機に、自分らしい働き方を求めて、生まれ故郷の日立市へUターン、２００６年から独立の道を。

セラピーを通してお客様が輝きを取り戻すお手伝い

塙さんが敬愛するバッチフラワーレメディ創始者エドワード・バッチ博士

Women Entrepreneurs

働き方 3つのキーワード

1. 自分が好きなことを
2. 好きな人たちと
3. ライフステージに合わせて

の言葉に、「誰もが人生において苦しい思いをしたことがあるから、自ずと他の人の苦しみに寄り添える心を持っている」とあるそうです。人生のある時期、誰もがつまずいたり、自信を失ったり、悩んだり……。それは困難のために本来持っている力や輝きが、いっとき雲に覆われたにすぎないと塙さんはいいます。

　そこで、アロマセラピーやバッチフラワーレメディなど植物のチカラや、自然界の癒しのリズムを含むシンギングボウルの倍音を使い、人にも地球にも優しい方法で女性の心身の不調を整えるサロン&スクールを始めました。

　お客様に寄り添い、伴走して本来の輝きを取り戻すお手伝いをしながら、元気に再び人生を歩み出す過程を見ることが無上の喜びになっているとも。

　さらにホテルや商業施設、健康施設からの依頼で、その活動の場は年々、広がっています。

自分のポジションにあった目標設定で夢を叶える

「女性は肉体的にも人生においても常に変化を強いられ、体調や体力に陰りが生じたり、結婚や出産、子育て、介護で思うように仕事ができない時期がある」と塙さん。ご自身も過剰労働で病んだり、更年期で若い頃のように動けない体験をしてきました。仕事を調整しながら、高齢のお母様の食事作りで実家へ通うことが日課にも。

　こんな経験から女性が起業する場合、目標設定が大切だといいます。

「今の環境や体調で何ができて、何をしたいのか?どの程度の収入を目指すのか?」と自問自答が必要だと。

　SNSの普及で「どこで習うか」より「誰に習うか」が重要に。だから全国から地方の町〝日立市〟のスクールに学びに来ていただくのが今の目標の一つと、力強い言葉が返ってきました。

Mika Watanabe

Crystal Kannon
クリスタルボウル奏者
波動セラピスト

渡邊 美香 さん

創業 2003 年

http://www.happykannon.com/
https://ameblo.jp/mika-felicita/

サウンドセラピーで、最良の輝きをサポート

クリスタルボウル奏者として新たな世界を拓く

心と体を健やかに調え、本来の美しさと可能性を引き出すセラピストであり、クリスタルボウル奏者として演奏活動もしている渡邊美香さん。２０１２年よりクリスタルボウルの倍音効果に着目してサロンに導入、毎日その音を聴いていた愛犬が重度のヘルニアから日に日に治癒していく様子を目のあたりにし、倍音が肉体へ及ぼす影響を検証していくことになります。

谷田学氏の経絡ストレッチセミナーに同行し、東京や埼玉、大阪へと遠征。クリスタルボウルの豊かな倍音を浴びることで、筋肉弛緩や疲労回復が促進され、また深いリラックスと心の解放がおきることを確信したといいます。

そんな倍音を、サロンのお客様だけでなく多くの方に届けられるよう、演奏会を開催したり、様々な表現者とコラボしたり、イベントに出演したりと精力的に演奏活動を行なっています。最近では、結成3年目になるオカリナ&クリスタルボウルユニットFelicitaから初CD「しずく」を発売しました。

女性の自立と美を求めて資格取得のために渡英

渡邊さんの仕事遍歴は実に多岐にわたります。「私にとって仕事はツール。何を仕事にするかではなく、その仕事で何をするのかが重要」お客様の本質を輝かせるために、習得した知識や技術を最大限に活用し、最も効果的なツール（仕事）でサポートしているのだと、真剣な眼差しで話してくださいました。そのスタンスは開業時から変わらないのだそう。

起業までの経歴は異色。大学卒業後は専門学校で翻訳を学び、このスキルを活かし都内の外資企業に勤務。激務

Women Entrepreneurs

働き方 3つのキーワード

1. 覚悟
2. オリジナリティ
3. 柔軟性

オカリナ＆クリスタルボウルユニット
Felicitaの初CD「しずく」

の中、自分を癒す目的もありアロマを学び始めます。

そしてこの頃、故郷のお父様が急逝。大きなショックと環境の変化による心労で老け込んでいく母親を見て、「女性が自分の足で立ち、どんな時でも美しく強くいられるサポートをしていきたい」と、会社を退職、ホリスティックケアを学ぶために渡英します。

背中を押してくれた母の助言でサロン開業

アロマセラピーとエステの国際資格をいくつも取得し、意気揚々と帰国。すぐに都内のエステ学校の創立に関わったり、新規エステサロンのコーディネートやスタッフ教育を担当するものの、30歳という年齢と国内での実務未経験、さらに国際免許の肩書きが足かせとなり、エステティシャンとして現場に就職するのは難しかったといいます。

そんな娘の姿を見守っていたお母様から「それなら自分でやりなさい」との力強い後押しがあり、２００３年、地元水戸にてエステサロンの開業へと至ったそうです。

お客様本来の美しさを追求するうちに、外見に留まらず、内面から変える必要性を感じるように。深層に向き合い、過去を癒し本質を引き出すために、ヒーリング技法やクリスタルボウルの音を用いたセラピーへと傾注していきます。

セラピーを受けてくださった方が、悩みから解放され心からの笑顔を見せてくれた瞬間や、ご自身の道を力強く歩き出し輝いている様子をSNSなどで拝見したときの喜びはひとしお。「自分を深く知り、自分らしくありながら、やりたいこと、できることを追求してきた結果がここにある」と清々しい笑顔が印象的でした。

Misaki Yamauchi

セルフリライアンス
自己受容ナビゲーター
メイク＆ファッションアドバイザー

山内 三咲 さん

創業 2017 年

http://misakinha.hatenablog.com/

パラレルキャリアを活かし、週末起業家から独立を決意

アパレル業界のOL時代 仕事と趣味でキャリアアップ

　メイクレッスンやファッション買い物同行、自己肯定感アップのカウンセリングをされている「セルフリライアンス」主宰の山内三咲さん。派遣業ＯＬとして働きながら、週末起業家からのスタートでした。一人でも多くの女性が心から笑えるような人生をお手伝いしたいと心や身体、外面から「自己受容」を促すセッションを行っています。

　新卒でアパレル業界に就職して15年の間、国内外ブランドからラグジュアリーブランドまでの接客販売業に携わり、平行してボサノヴァシンガーとして活動、アルバムをリリースしたことも。さらにタップやジャズダンスを鍛練し、10回以上の舞台を経験してきたそうです。

　こんなオンとオフで積み上げてきたパラレルキャリアを最大限に活かし、「お客様に合った方法で自己受容へ導いていくのが私らしい働き方かもしれない」と起業を決意しました。

心身の悩みが軽くなる 自己受容メソッドを確立

　様々なキャリアを渡り歩きながら、何をやっても自信が持てずに気分の浮き沈みが激しく、生きづらさを感じていたと山内さん。それも性格かと諦めていたある日、ダンスのレッスンで身体を痛めたことから、ストレッチのパーソナルトレーニングや冷えとりを始めます。続けるうちに不思議と心の変化を感じ、さらに効果を促すために

Women Entrepreneurs

働き方 3つのキーワード

1. 自分らしさ
2. 生きがい
3. 感謝

アドラー心理学に基づく「心のワーク」を開始。心身両面からアプローチすることで精神的に楽になり、メンタルの乱高下は大幅に減少し、前向きに人生を楽しめるようになったといいます。ここから独自の自己受容メソッドが生まれたのです。

また、活動の幅が広く、引き出しが多いために起業する際の打ち出し方、いわゆる「ブランディング」に悩み、OLの仕事との両立からのスタートだったので、体力や時間的なことも大きな課題だったとか。

専門家とチームを組んで内面・外面からアプローチ

誰にもその人らしさがあり、本来もつ「らしさ」を自覚すること＝自己受容を獲得すること、そのお手伝いをするのが自分の使命だと山内さん。

だから、悩めるお客様がご自分をより好きになり、「嬉しい！」という表情に変わった時、この仕事を選んで良かったと心から思える瞬間、やりがいを感じるといいます。

特に女性の場合は、外面からの美しさ、ファッションやメイクを通してセルフケアしながら、徐々に自信を高めていけると確信。欠点を隠すのではなく、長所へ変えるメイクを施されているそうです。

「このようなジャンルは、メンタルヘルスに特化したものとして認識されがちですが、心の面から効果が出ない場合、身体をケアすると劇的に良くなる場合があります」と……。

今後はより多くの人へ「自己受容」を広めていくために、心や身体の専門家の方々と繋がり、チームのようなネットワークづくりをしたい、そして自信に溢れ、生き生きとした人を日本中に増やしていきたいですね」と、限りなくビジョンは続いていきます。

女性起業家が輝くためのレッスン３

第一印象を高める３つのポイント

あなたは初めての方と会うとき、どんなことを心がけてますか？

ファッション、髪型、メイク、身だしなみ、話し方……。第一印象は会って10秒が勝負ともいわれています。あなたの好感度を高めるには、見た目は大事な要素の一つです。営業や接客、面接、人前に立つときなど目から入ってくる情報は、かなり重要になってきます。アメリカの心理学者アルバート・メラビアンによると、人とコミュニケーションするときに決め手となる要素には大きく分けて３つのポイントがあるそうです。

Point.1 視覚情報／ Visual 55%
- 服装、外見、顔の表情、身のこなし、姿勢、態度 etc.

Point.2 聴覚情報／ Vocal 38%
- 話し方の口調や早さ、声の大小、イントネーション etc.

Point.3 言語情報／ Verbal 7%
- 話す内容、話題 etc.

（この結果から話の内容より、見た目や話し方の方が初対面の相手に好印象を与え、第一印象が高まるといえるのではないでしょうか。）

＜あなたの魅力を引き出すパーソナルカラー＞

好感度を上げるテクニックの一つに自分らしさを引き出し、魅力的にみせる自分色＝パーソナルカラーがあります。目の色、髪の色、肌の色などから診断した貴女に似合う色＝パーソナルシーズンカラーは、なりたい自分やT.P.Oに合わせてセルフプロデュースができるのです。ファッションや小物、ビジネスツール等に上手に活用し、ブランディングづくりに役立ててみてはいかがでしょう。

Part
4

クリエイト＆教室

Women Entrepreneurs

Unicoco

触覚アーティスト

ゆにここ さん

創業 2014 年

http://www7b.biglobe.ne.jp/~unicoco/

触覚アートの楽しさ、心地よさを日本から世界へ

旦那様との出会いを機に触覚アーティストの道へ

独自の世界観で創作活動をされている触覚アーティストゆにここさん。その原点は旦那様が全盲なので、視覚以外の感覚をフルに使って日常生活を送ることだといいます。五感の中で特に「触れる」という触覚を意識することで、ご自身が新鮮さや面白さを感じたこと、カッコよく言えばインスピレーションを受けたことだと起業ストーリーを語りはじめました。

九州・大分県で育ち、大学卒業後は高校の家庭科教員として勤務。お仕事柄、布に触れる機会が多く、出来上がった作品を撮影するうちに写真の奥深さへ惹かれていきます。「写真を勉強したい」と教職を退き、一念発起してイギリスの写真専門学校に1年間留学。帰国後は地元には戻らず、東京で写真の技術が活かせる職場につきました。

撮影のキャリアを積んで3年経った頃、縁あって障害者向けの研修コーディネーターの仕事へと転職します。ここで出会ったのが、音響エンジニアのエキスパートであり、当時その傍ら、外国人障害者にパソコンを指導していた旦那様でした。障害のハンディを感じさせない彼と歩いていきたいと30代半ば、結婚を機に2008年より横浜の自宅で「触って、気持ちよく、楽しめるモノ」をコンセプトに作家活動をスタートさせます。素材は羊毛フェルトや布を使用、大きな作品を創るときは一体感はあるが、体力勝負とも。

体感型ワークショップが好評銀座で個展を開催

本格的に仕事として始動したのは、それから6年後。展覧会や展示会でのグッズ販売、ワークショップの企画、講師として。またメーカーとタイアッ銀座のGALLERY ART POINTで「ゆにここ展 -home-」

撮影：佐藤ヒロ

撮影：佐藤ヒロ

Women Entrepreneurs

働き方 3つのキーワード

1. オリジナリティーを大切に
2. 触覚アートを世界に
3. ユニークでユニバーサルな心コミュニケーション

プしたキャラクターデザイン、キットの制作や卸し等を……。「アートの世界でも体感型は増えてきたが、ビジュアルアートの世界で触覚をメインにした作品は少ないと感じたので、本腰を入れて創作しようと思った」と。その評価は高く、全国公募展で何度も入選されてるゆにここさん。横須賀美術館でのワークショップ、２０１７年秋には銀座のギャラリーで個展を開催するなど、活躍の場が広がっています。

新しい触覚アートに挑戦 『ゆにここ』の夢は限りなく

ここに至るまでの苦難は「自分の好きなことを追求・失敗を恐れず新しい表現をアウトプット・多くの方が癒される触覚アート」をモットーに、創作し続けて克服。口コミやSNSを活用して実績や、皆様にとってのメリットや面白さも伝えてきました。夢は各地の美術館でのアート展、触覚アートに関する本の出版など、『ゆにここの世界』は果てしなく膨らんでいきます。

Akiko Iwata

和あらかると

和装美コーディネーター

岩田 晶子 さん

創業 2014 年

http://www.kantan-kimono.com/
http://ameblo.jp/kumihimo-aki/

好きなコトで起業、着物文化を日本から世界へ伝えたい

夢みた自宅サロンを実現 創業スクールで起業の準備

「日本文化の素晴らしさを未来と世界へ伝える」を使命に30年間、着付けや組紐をされてきた和装美コーディネーターの岩田晶子さん。結婚前から旦那様に新居を建てるときは、「和空間のサロンを作って教室を開きたい」と、夢を語ってきたそうです。

２００４年、ついにその願いが叶い、木の香り漂う和テイストの自宅サロンが実現しました。設計段階から間取りにこだわることで、家庭と仕事のスペースが分けられ、自分らしい働き方ができるようになったといいます。

最初は着付けの特技を活かした趣味の延長でしたが、２０１４年の夏、子育てが一段落した岩田さんは本格的に「好きなコトを仕事にしたい」と思い立ち、商工会議所へ相談に出向きます。

そこで紹介されたのが創業スクールでした。早速、その秋から開催される講座へ申し込み、起業へ向けて着々と準備を進めていくことになります。

着物に魅了され、資格を取得 着付け講師から個人事業主へ

起業エピソードは20歳の時、着付け教室へ通ったことからはじまります。入会3か月後に辞めたいと申し出たところ、「教室の評判が下がったら困るので、一人で着られるようになったら退会してね！」と先生の一言から着物の世界へと飛び込みます。

遊びやデートなど着物で外出すると見ず知らずの人に「キレイ」と褒められたり、丁寧に接客してもらったりと着物の魅力を体感、いつしかこの心地良さを伝える講師になりたいと思うように。常に前向きな彼女は即行動、先生のアシスタントをしながら資格を取得し、独身時代は職場で着物同好会を

Women Entrepreneurs

働き方
3つのキーワード

1. 好きを極める
2. フレキシブル
3. ご縁に感謝

作り、終業後には友人を集めて教えたこともあったそうです。しかし、結婚後は転勤族の妻として知らない土地への引っ越しが宿命、インターネットが普及してない時代、受講生の集客に困り果て、地元スーパーの掲示板へ「出張着付け講座」の貼り紙をして乗り切ったことも。

着物との出会いから約32年、環境が変わっても地道に続けてきたことが、個人事業主『和あらかると』の創業へとつながります。これまで温めてきた夢をパワーアップしていく岩田さん。

手軽に装い、楽しめるカンタン着物を開発

講師業やアクセサリー制作と多忙な日々の中で、「5分で着られるカンタン着物」を開発。着付けが出来ない方や訪日外国人、海外在住の方にも気軽に着物を楽しみ、柔軟に日本文化を体験していただきたいと試作を重ねながら、ついに完成させました。

着物をこよなく愛する和服美人の岩田さんは、「型や風習にとらわれず、お客様のニーズを踏まえながら、タンスに眠る価値ある着物たちに日の目を当てたい、着物を楽しまれる方を一人でも多く増やし、世界へ誇れる日本の文化を伝えたい」と壮大なビジョンで胸を膨らませています。

Nobuko Ohashi

Michael Luce（ミカエルルーチェ）
主宰
カラー＆ヒーリングセラピスト
パステルシャインアートインストラクター

大橋 信子 さん

創業 2012 年

https://ameblo.jp/michael-luce/

自分らしく輝ける、カラーセラピーサロンで起業

OL時代に学んだ経験を活かし、独立の道を模索

18年間のOL生活に終止符を打ち、2012年にカラーセラピーサロン「ミカエル ルーチェ」で起業した大橋信子さん。働きながら学び続けてきた知識や技術、資格をベースに個人や各企業へ向けてパステルシャインアート講座を。また、個人にはオーラソーマコンサルテーション、シータヒーリングセッションなどを行っています。

サロン開業への思いが芽生えたのは「ライフワークに出会いたい！」と衝動にかられた20代前半。その好機が訪れたのは多忙な毎日で疲れ切っていた20代後半でした。偶然、書店で「色彩学」が学べるスクールを見つけ、翌週には「一日体験講座」へ申し込みます。

それから約10年、「色彩学」や「心理学」の造詣を深めるうちに講師になりたいという夢を描くように。その礎には、契約保全業務のクレーム対応の部署から9年にわたる社内の研修担当に携わった経験があったといいます。

入社した主婦の方々へマナーや商品知識、試験対策を教授する中で「人は新しいチャレンジをすることにより内面から輝き変わっていく」その感動的な姿を間のあたりに見ることでエネルギーをもらい、ますます講師への思いが強くなったそうです。「本当に実現できるのか」と不安と戦いながらも、独立への道を模索していきます。

パステルシャインアートとの出会いで起業を決意

晴れて退職が決まった2011年3月、東日本大震災が起こり、40年暮らした家を突然失った大橋さん御家族。10年間考え抜いて決断しようとした夢は白紙になりました。新しい仕事用に借りていた部屋での家族との生活は、

パステルシャインアートの作品例

Women Entrepreneurs

働き方 3つのキーワード

1. ユニークなチャレンジ
2. ご縁に感謝
3. 心から満たされる生き方

ストレスと向き合う過酷な日々に。親友との会話も続かず、笑えなくなっていったそうです。

そんな彼女の心を優しく勇気づけてくれたのが、パステルシャインアートの世界でした。「無意識でしたが、心から笑えたんです」と。子供の頃のように自由で純粋な気持ちを思い出し、心が満たされ、安心できたのではといいます。

「こんな大変な時期に！」と猛反対する親御さんと何とか折り合いをつけ、一度は諦めかけた夢にもう一度チャレンジしようと決意、現在の独立開業へと至りました。

お客様が本質に目覚めて輝けるアトリエづくり

お客様からの「幸せな時間をありがとう」という言葉。起業から5年の歳月をかけて紆余曲折しながら一つ一つの課題を解決し、仕事のやりがいを実感していると大橋さん。

夢は諦めずに希望を持ち続けて行動を積み重ねていけば、心豊かで軽やかな人生が創造できると身をもって学んだといいます。だから、相談でお見えになるお客様にもその大切さを伝えていきたいと……。

「自由に生きるとは自分の責任で生きること、その言葉をかみしめながら、自分らしく輝いて人生を楽しめる働き方をしたいですね」と、柔らかな笑顔で話してくださいました。

そしてアートを通して自分を表現する喜びを分かちあったり、日常の中でヒーリングやリーディング、コンサルテーションをもっと身近に親しんでもらえるような工夫をしていきたいとも。将来的にはお客様がご自分の本質に目覚め、願いが叶うようにサポートの継続ができるアットホームなアトリエの開設を夢見ています。

Mika Hasama

コンフォート

代表
インテリアコーディネーター

迫間 美香 さん

創業 2011 年

http://comfort-ic.com/

ワークライフバランスを大切に、自宅オフィスで起業

住宅メーカーの就職を機に インテリアコーディネーターへ

住宅や店舗の内・外装やカーテン、照明、家具などインテリア全般のコーディネートをしている「コンフォート」代表の迫間美香さん。個人事業主として自宅オフィスで起業しますが、背景には父親が建築資材関連の仕事だったことで、子供の頃から住宅機器や材料のカタログに馴染んでいたのが心底にあったのではないかといいます。

大学進学では将来の就職を考えて法学部へと進みますが、一般教養では建築美術を選択、3年生の時はインテリアコーディネーターのオフィスでアルバイトするなど興味は深まるばかり。そして新卒で入った企業は何と住宅メーカーだったのです。10年ほど戸建て注文住宅のインテリアに関わりましたが、いつしか「仕事の一部を担うのではなく、自分で仕事が完結できるような働き方がしたい」と思うようになっていきます。

東京から茨城県内の営業所開設に伴い転勤となり、後輩の育成に2年携わることを条件に離職を決意します。退職後一年間は充電を兼ねてボランティアやダイビングを楽しみ、再就職へ。

転職や結婚、出産を経て 理想的な働き方で独立

カーテンや装飾品のショールームを備えた県内の企業へと入社。受注から打ち合わせ、現場作業、納品と何役もこなす中で知らないことの多さに愕然としたそうですが、お客様と直接やりとりできるので、やりがいも大きかったといいます。

33歳で結婚、36歳で出産してからも家事や育児を両立し、仕事を続けていた迫間さん。その傍ら、娘さんが小学校入学までには独立したいと準備を進

Women Entrepreneurs

働き方 3つのキーワード

1. 楽しい
2. 誠心誠意・正直に
3. ワークライフバランスのとれた働き方

めていきました。「母親として子供が学校から帰宅した時、自宅で仕事ができる体制を作りたい」と。

曲がったことや間違ったことが嫌いな性格なので、起業してからもその場しのぎの仕事をしないことをポリシーに「誠心誠意で自分が出来ることを全力投球する」といった働き方を貫徹。正直に、真摯に取り組むことでお客様との信頼関係を築いていきたいとキャリアママの醍醐味を覗かせます。

時間と体調管理を徹底して心地よい住まいの専門家に

個人事業主として一人で仕事をしていると、繁忙期には仕事が重なってお客様を待たせてしまったり、体調を崩すと仕事が滞るなど一人ゆえの悩みも尽きないそうです。

そこで、スケジュール管理は早め早めに組んで、直前で何かあった時でも対応できるように心がけているとも。無理し過ぎて体調を崩すようでは本末転倒。自分ができないときに代わってもらえるネットワークを作っていきたいと構想中です。

今後は、リフォームやリノベーションの経験を増やし、セルフビルドやDIYの楽しさも伝えたい。かかりつけのお医者さんのように、インテリアや建築で何か困ったら相談してもらえるような存在になりたい。それには我が家の暮らしを心地よくすることが大切。それがお客様へ向けて「いい仕事」ができる近道ではと。まさに女性ならではの柔軟な発想だと思いましたね。

Shouko Kihira

サローニ アドエオナ
習い事サロン講師
紀平 昌子 さん
創業 2017 年
http://ameblo.jp/pipopina/

おもてなしの心を大切にしたサロンで起業

キャビンアテンダントの経験、資格を糧に、集いの場づくり

女性が人生を豊かに楽しみ、輝ける習い事サロンをめざして「サローニアドエオナ」を主宰する紀平昌子さん。ポーセラーツやリボンワーク、グルーデコの認定講師をしながら、主婦業をこなし、旦那様やお子様のお弁当作りは毎朝の日課になっています。

そんな彼女のおもてなしの心やバイタリティは、20代から磨かれてきたキャリアにあります。短大在籍中に夜はスチュワーデス専門学院で学び、卒業と同時に国際線のキャビンアテンダントとして航空会社へ就職します。結婚後も家族の理解を得て仕事を続けてましたが、出産を機に休職。実家近くのマンションへ引っ越してから職場へと復帰しました。

国際線ということもあり、必然的にフライトが長くなります。それでも仕事にやりがいを感じていた紀平さんはお母様や旦那様に協力していただきながら育児や家事を両立、退職する35歳まで15年間勤務し続けました。その後、しばらく主婦業に専念し、習い事を始めます。

お父様の逝去後、自宅から歩いて5分の実家跡地にアパートが建設されたのを機に「賃貸しないで、これまでの資格を糧にサロンを作りたい」と起業を思い立ったといいます。２０１７年に個人事業主として開業。人と接すること、お世話することにやりがいを持っていたので、自分の空間に集まってくれることが何よりの喜びだとも。

ポーセラーツの作品例

Women Entrepreneurs

働き方 3つのキーワード

1. 礼をもって接する
2. 楽しさ、喜び、素敵をご提供
3. 家庭あってのサロン経営

リボンワーク

ポーセラーツに魅せられ、趣味から実益あるサロンへ

起業してからの難問は、「経営に対して無頓着だった自分と向き合わなければならないこと」と紀平さん。そこで、決算説明会や専門家の方々に話を伺いながら、少しずつサロン運営の勉強を始めているそうです。

起業した同年11月にはパシフィコ横浜で開催されたハンドメイドの大型イベントへ初出展するなど精力的にフィールドを広げています。

将来の夢は「幼い頃から習っていた書道やペン字教室を開いたり、ネット販売もしたい、できれば、2店舗目も構えたいですね」と、華やかに舞っていきます。サロン内には磁器を焼く窯が備えてあり、紀平さんや生徒さんの作品たちが生み出されています。

繊細な美しさを放つポーセラーツに魅せられて6年。ご家族や日々の暮らしを大切にしながら、独自のアートの世界を創造し続けています。

Tsuyako Suzuki

フラワーデザイナー

鈴木 ツヤ子 さん

創業 2013 年

好きな花と暮らし、人生を楽しみながら生涯現役

36歳の時に夫が他界、子供を生きがいに農業で生計

いつも元気で朗らか、89才とは思えないほど若々しいフラワーデザイナーの鈴木ツヤ子さん。初めてお会いしたのは今から4年前、旦那様の没後50年を節目に出版するフラワー作品集の打ち合わせの時です。出版記念パーティ&長寿を祝う会では、家族や親戚の皆様方に見守られ、心から幸せあふれる微笑ましい姿がありました。

36歳で旦那様を亡くされてから3人の子育てをしながら、農家の仕事や内職で生計を立ててきたとツヤ子さん。言葉ではいい表せないほど壮絶な人生を歩み、苦労をされてきたことと思いますが、その上品な出で立ち、温かな眼差しからは想像できませんでした。

23歳でサラリーマンの旦那様と見合い結婚し、嫁ぎ先で生まれてはじめて家業の畑仕事を経験。その10数年後に38歳の若さで旦那様が急逝、一時は辛くて呆然とした日々が続いたそうです。出張から帰宅した旦那様との最期の会話は「切りのいいところまで終えたら戻るねといった私に、仕事ばかりしてるんだから」と言いつつも、夫なりの労りの言葉だったのでは。あのとき、畑へ行かなければと悔いが残ったといいます。当時、長女が小学5年生、次女が2年生、長男は4歳の幼子。

ご本人は「何といっても3人の子供たちが素直に、すくすくと育っていく様子が生きがいでしたし、頑張れた!」と、たおやかに語ります。

亡夫没後50年を記念し、85歳の時にフラワー作品集「幸福」を出版

白内障の術後に惹かれたプリザーブドフラワーの世界

子供たちが成人、各々が家庭を築くようになってからも70歳半ばまで農業に携わり、今では長男夫妻や孫たちに囲まれて、家庭菜園を楽しんでいるそうです。「自然に触れたり、土いじりが好きなんです」と。朝の散歩を日課に健康づくりにも気を配っています。それでも年齢を重ね80歳を過ぎてから白内障を患い、手術をすることに。

Women Entrepreneurs

働き方 3つのキーワード

1. 明るく、楽しく
2. 健康で、生涯現役
3. みんなの笑顔のために

ちょうどその頃、お孫さんが習っていたプリザーブドフラワーを「手先を使うと体にもいいから」と、お嫁さんに勧められ、全国的に活躍されている松岡真理先生が主宰するフルールサロン「イブ・ピアッチェ」に入門、その世界へと惹かれていきました。

趣味で生け花や押し花を習い、若い頃から手先が器用だったツヤ子さんはメキメキと上達していきます。数年後にはディプロマを取得。友人や親戚、家族のために贈り物を創ったり、サロンのネット通販から受注したアレンジを制作したり、地元銀行へ作品を展示するなど、花の仕事を楽しんでいます。

また、全国出版の季刊誌「ベストフラワーアレンジメント」へ作品を掲載するまでに。日比谷公園で開催された「東京クリスマスマーケット2017」や茨城県フラワパーク、数々のイベントへも出展し、好きな花々に親しみ、人生を謳歌しています。

24人の女性起業家ストーリー、半年間にわたる取材を終えて

このたびの書籍の中でメインとなる第3章「24人の女性起業家ストーリー」。読者の皆様方へお伝えしたかったのは、自分スタイルで輝く旬の彼女たちの生の声、生き方そのものでした。事前にヒアリングシートで起業のきっかけや仕事内容、やりがい、働き方、困難をどう克服してきたか、チャレンジしたいことなどを伺ってはいましたが、さらに取材を通じて起業への湧き上がる思い、情熱を感じました。

女性が自分らしく働けること、自己実現することの難しさをあらためて痛感したと同時に、立ち位置や環境と向か

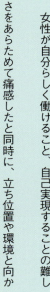

いあい前へと進んでいく逞しさ、よい方向へと地道に転化させていく女性ならではの強みを再発見!

何歳になっても、たとえ環境が変わっても、資格取得や技術を身につけたり、新しいコトに挑戦したり、なりたい自分、描いた夢を叶えるために日々、小さな努力を積み重ねていたことです。そして、彼女たちに共通していた思いとは「お客様に感謝されること」がやりがい、生きがいになっていました。

マイペースで働きながら、暮らしを楽しむスタイル

女性起業家の醍醐味は未婚・既婚問わず、マイペースで働くことをモットーに、ワークもライフも楽しむこと。

自分の心が喜ぶコトを心がけていれば、相手にも伝わり、笑顔になってもらえるから。

だから自分磨きに妥協はしない。内面・外面から輝き、素敵になれるよう、目にみえないところで頑張っている。

「人生は一度きり！」オンとオフ、どちらの時間も大切。

社会の中でのポジション、人の役に立ち、必要とされている仕事と出会い、葛藤しながらも、しなやかに生きる。

第4章

女性起業家に追い風！夢がカタチへ

創業サポートの機関を上手に活用してみては

創業したいけれど、何を、どこから始めたらよいのかわからない？　そんな時はまず近隣にある商工会議所や商工会に相談してみましょう。商工会議所とは「商工会議所法」、商工会は「商工会法」に基づいた法人です。各市町村や区域ごとにあり、会員でなくても利用できますので、電話で予約してから足を運んでみてください。

現在、弊社が会員になっているのは東京商工会議所ですが、約７７０００社（２０１８年現在）が入会され、創業から経営、資金調達、販路拡大など様々な相談コーナーも設けられています。こちらでも開業や補助金申請等の相談ができます。

公益財団法人「東京都中小企業振興公社」が運営するＴＯＫＹＯ創業ステーションでは、創業の実現へ向けて、初期段階に知っておきたい経営知識やノウハウが学べる「ＴＯＫＹＯ起業塾」、女性の創業希望者に特化した「女性プチ起業スクエア」や「女性起業ゼミ」を実施中（２０１８年現在）です。

事業に必要な資金調達の融資相談、公社が実施する創業に関する助成金の紹介等も行っています。東京都内在住の方や都内で創業を予定される方が対象になっています。

中小企業庁の委託により運営されている「ミラサポ」といった支援情報サイトがあります。全国約385万社の中小企業や小規模事業者が対象になっています。会員登録は無料、また会員でなくても基本的な機能は利用できます。

補助金や助成金、金融、税制等の情報が収集できるメリットや、ビジネスマッチングにつながる可能性もあります。さらに「よろず支援拠点」、「地域プラットフォーム」といったその地域に根付いたネットワークを利用することも可能です。

中小企業基盤整備機構が運営する中小企業や小規模事業者、創業予定者のためのポータルサイト「J-Net21（中小企業ビジネス支援サイト）」があります。公的資金や公的機関の支援情報、中小企業ニュース等を毎日更新中ですので、タイムリーな情報が入手できます。

貴女を応援！女性起業支援センターの先駆け

ここ数年、全国各地で女性起業を応援する施設やサイトが注目されています。その先駆けともいえるのが、2010年8月に開設された品川区立武蔵小山創業支援センターです。「ちょこっと起業から、がっちり起業まで、想いを受けとめ、ピタッと寄り添う」をコン

セプトに東京都品川区小山に開設されました。その画期的な活動はロールモデルとなり、国内はもとより、海外からも視察に訪れるほど実績が評価されています。

起業に関するセミナーは年80回以上、なかでも起業準備中の方、起業してまもない方、創業後3年以内の方を対象にした「女性のための起業スクール＝MU☆SAKO」は、これまでに約１４０名の卒業生を輩出、そのうち約６割の方々が起業し、事業を継続されていると伺いました。

業種は資格や経験、趣味を活かした衣・食・住・教育・健康・美容・医療関連が多いそうです。例えば、教育では語学や子育て支援、医療では訪問介護ステーション、衣や住ではモノづくりなど女性ならではの特性や感性が光る職種で夢を実現されているとのことでした。１期ごとの受講生は女性限定20名、11回の講座を通じて起業するためのスキルが学べるカリキュラムになっています。

この他に「ウーマンズビジネスグランプリ」、「女子活！ランチ会」、テストマーケティングができる「アントレーヌ」のイベント等を開催中です。さらにセンター内には無料で使える交流サロンや貸し会議室、起業家の卵を支援するインキュベーションオフィス、チャレンジショップ等が併設されています。

品川まちなか起業ステーションにチャレンジした「昭和ビンテージ洋品店スミックス」

さらに武蔵小山創業支援センターでは、2015年より「品川まちなか起業ステーション」を展開中。それは「自分のお店をオープンしたい」をカタチにしてくれるテストマーケティングイベントです。リアル店舗で自分のサービスや商品に対してお客様からの反応がわかり、現状の物販やサービス事業を今後どのように改善・改良していけばよいのかを学べる場＝実店舗提供の支援になっています。イベント期間中は賃貸料ナシ、チラシ等の販促サービスが受けられるといった仕組みです。

東京商工会議所主催の女性経営者交流会で出会った「スミックス」オーナーの大西澄江さん。彼女はこのテストマーケティングイベントに約半年間（２０１７年６月～12月）にわたってチャレンジしました。昭和20年～40年代に日本で作られた昭和ビンテージ™の洋服（古着）等を扱う専門ショップです。購入やレンタルができるお店なので、ＮＨＫ連続テレビ小説「ひよっこ」への衣装提供も実現されました。

テストマーケティングの成果としては、イベント期間中にインキュベーションマネージャーと相談しながら小物や雑貨等の商品化や仕入れの強化ができたこと、さらにウーマンズビジネスグランプリのファイナリスト（２０１８年２月25日にコンテスト）に選ばれたことにより、今後さらに新しい展開が広がっていくのではないでしょうか。

※武蔵小山創業支援センターは、品川地域の創業・経営支援業務を品川区より委託した民間企業（エキスパート・リンク株式会社）が運営しています。

起業で町を元気に！ワタシの街の起業支援Match

起業で町を元気にするプロジェクト「全市民起業家計画」を立ち上げたのが茨城県の取手市と龍ケ崎市。日本初の起業家登録カードも発行し、起業家を全力で支援しています。その活動の拠点になっているのが、取手駅西口前リボンとりで5階にある「Match広域連携推進本部（2017年6月に設立）」です。

創業スクール事業を皮切りに、レンタルオフィス（スタンダードプランは月会費0円、6拠点のフリースペース利用料は1時間300円）、チャレンジショップ（最短1週間から最長1年間と期間限定）、フリーペーパーの発行やWebサイトから情報を発信し、まちを挙げて起業家を応援しています（2018年3月現在）。

このプロジェクトは地方創生推進交付金を活用した「起業家タウン」のロールモデルとなり、全国各地から視察にきていると伺いました。さらに今後は、起業支援自体

を自立・運営するために広域にわたって市町村が連携しあいながらインキュベーション事業や媒体事業の収益化を目指したいとのことです。さらに主婦層やシニア層へ向けては、これまでの「機会型の起業」や「生計型の起業」だけではなく、小さなリスクから始められる「自己実現型の起業」も支援していきたいとのことでした。（取材協力：本部長／吉田雅紀さま）

とりで女性のための創業セミナーを開講

「Match」の設立された初年度に開講されたのが「わたしらしく〝好き〟を仕事にする女性のための創業スクール」です。取手市内または近隣エリアにお住まいで「起業・創業」を検討している、また創業して間もない「女性」をターゲットにした取手市初の創業セミナー、５日間のスケジュールで創業に必要なノウハウが学べるカリキュラムで構成されています。（平成28年度地域創業促進支援事業【女性起業家コース】／とりで女性のための創業セミナー資料より）

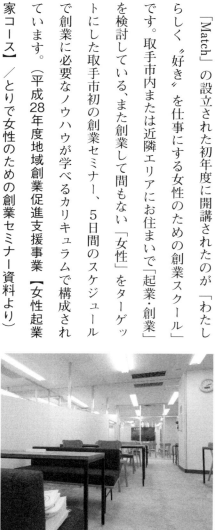

また、スクール開講期間中には「Match-hako」のフリースペースが無料で使用できたり、士業や専門家のアドバイスが無料で受けられるなど、起業を目指す女性にとって充実した内容になっています。

この書籍に登場してます生前整理アドバイザーの徳山弘美さんは「とりで女性のための創業セミナー」の第一期生として学んだお一人です。お父様の介護を機に自分のライフスタイルを見直して、8年半勤めた会社を離職し、起業の道へ。

実体験から超高齢社会に「生前整理」の必要性を痛感した彼女は資格取得後、この創業セミナーを受講し開業へと至ります。ワークシートに創業への想いや経営ビジョン、事業コンセプト等を書き出しながら事業計画書（ビジネスプラン）を作成していきました。

1年半経った今、その事業計画書を基本に生前整理の仕事をしながら一歩ずつブラッシュアップ。「まわりから若返ったね！」といわれるほど、イキイキと輝く働き方をしています。

女性のための（一社）マゼンタハートサポートを創設

女性が女性を支援する新しいビジネスが増えています。その一例が２０１５年に設立された産前産後のお母様とその家族をサポートする一般社団法人マゼンタハートサポートです。

２０１６年９月には女性が自分自身を諦めない基盤を作るためのシェアサロン＆シェアショップとして『おひさまサロン』を開設しました。「お店をオープンしたい？イベントやワークショップってどうするの？講座を開いてみたい！」そんな女性たちに、場所の提供や企画運営のお手伝いをしています。

さらに曜日ごとのオーナー制度を中心に、ワンデー利用者の相談を受けたり、子連れのお母様でも参加しやすいイベントや講座を開催。またオリジナル商品の開発に伴い、自宅で出来る内職の斡旋やハンドメイド作家の展示委託販売、オーダー作品の取次等もしています。チラシ等の設置場所や休憩スペースを完備するなどキメ細やかなサービスを展開中です。

講座やワークショップ等ができるメインスペース

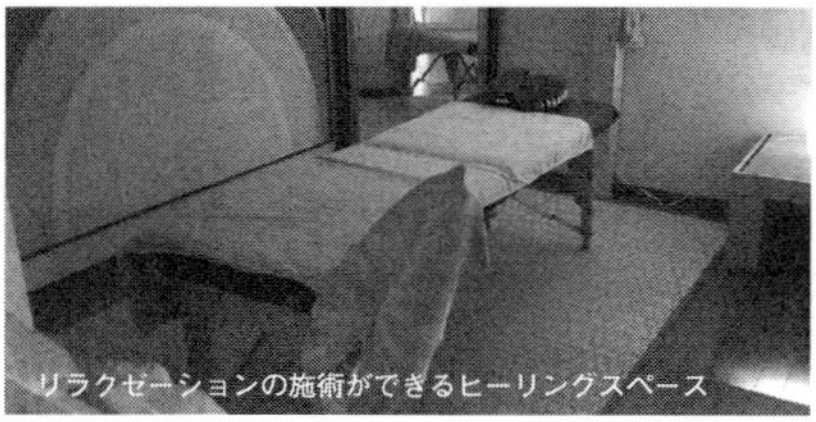
リラクゼーションの施術ができるヒーリングスペース

夢実現のために事業計画書を作成してみよう

では、貴女の描いた夢や思いを実現するためには「事業計画書」を作ることがポイントになってきます。例えば、どこか旅行したいと思ったら、目的地や行き方（交通手段、道順）、料金等を調べたりしながらプランを練るのではないでしょうか。起業する場合も同様、計画を立ててからスタートした方が事業がスムーズに運びやすくなります。まずは貴女が今やりたいことや構想、企画を書き出してみましょう。

「難しい！どこからはじめたらいいの？」という方は多いかと思いますが、事業計画書を作るにあたって基本フォーマットもありますので、これを上手に利用してみてください。

※東京商工会議所の開業ガイドブック（平成29年度版）22ページの事業計画の書き方から、その一例を紹介

1／事業の概要　①事業の全体像　②事業の概要　③事業の将来目標

2／事業の内容　①事業の内容　②事業の特色　③事業の課題と解決方法　④資金計画、損益計画、資金繰り計画　⑤要員計画　⑥事業スケジュール

3／その他　①創業者プロフィール　②協力者（企業）、支援者

4／添付資料　①資料・データ　②図面資料　③建物、設備、機械、什器等の見積書等、④特許、実用新案、商標等の知的財産の資料類　創業資金算定の基礎資料類

女性起業家にお勧め！小規模事業者持続化補助金

起業して何年かするうちに「お店のホームページを作りたい、看板を設置したい、案内パンフレットが欲しい」など、事業を円滑に継続していくための資金が必要になってきます。そんなときは補助金を活用してみてはいかがでしょうか。なかでも女性起業家にお勧めなのが、経済産業省が平成25年度補正予算よりスタートさせた「小規模事業者持続化補助金」。皆様の事業が持続的に発展できるように後押しするための補助金です。

商工会や商工会議所の支援を受けながら経営計画を作成し、その計画に沿って販路開拓等に利用できる補助金になっています。補助上限額は50万円、補助率3分の2の補助金ですが、チラシの作成や店舗のリノベーションと幅広い用途に使えるのが魅力の一つです。

書籍の起業ストーリーに登場している「和あらかると」様もこの補助金を利用し、よろず支援でコンサルティングの先生に相談しながら、以前に作ったビジネスプランを基に1カ月程かけて申請書類を作成。着付け教室の価値を高め、着物姿で写真撮影するために庭の整備や看板の設置等の費用に使いました。また、「ネイルルーム・マリアンヌ」様はホームページのリニューアルや店舗の看板等の設置に活用しています。

小規模事業者持続化補助金について

事　業　概　要

小規模事業者が、商工会・商工会議所と一体となって、販路開拓に取り組む費用（チラシ作成費用や商談会参加のための運賃など）を支援。
複数の事業者が連携した共同事業を支援対象に加え、事業者数に応じて補助上限額を引き上げるとともに、雇用の増加や従業員の処遇改善の取り組みや、移動販売などによる買い物弱者対策に取り組む事業についても補助上限額を引き上げ、より重点的に支援。

補　助　率	補助対象経費の3分の2以内
補助上限額	●50万円 ●100万円（雇用増加、処遇改善、買い物弱者対策） ●500万円（連携する小規模事業者数による）

補助対象者

製造業その他の業種に属する事業を主たる事業として営む会社及び個人事業主であり、常時使用する従業員の数が２０人以下（卸売業、小売業、サービス業（宿泊業・娯楽業を除く）に属する事業を主たる事業として営む者については５人以下）の事業者。

問い合わせ先・公募要領等

（商工会議所の管轄地域で事業を営んでいる小規模事業者の方）

日本商工会議所
小規模事業者持続化補助金 事務局

（商工会の管轄地域で事業を営んでいる小規模事業者の方）

全国商工会連合会

<中小企業庁ホームページより引用>

夢をカタチにしたいあなたは、どんな起業タイプ？

タイプからみつける起業スタイル

夢を叶えたいと思ったら、自分を客観的にみてはいかがでしょう。６つのタイプを参考にしながら、あなたの起業スタイルを探ってみてください。理想のワークライフ、はじめてみませんか？

趣味・特技タイプ

好きなことを仕事にできるのが、大きな魅力。自宅で楽しみながら始めたいサロネーゼ派。

資格・キャリアタイプ

培ってきた知識や経験を活かせるのが最大の強み。小さいリスクで開業したい堅実派。

悩み解決タイプ

悩みを克服した経験を仕事に活かし、相手の立場になって寄り添いたいカウンセラー派。

環境適応タイプ

ライフイベントの環境に合わせて仕事を選択し、創造していきたいフレキシブル派。

社会貢献タイプ

仕事を通して社会の役に立つことに、より自分の存在価値を見い出したいライフワーク派。

フランチャイズタイプ

初期投資やロイヤリティーはかかるが一早く事業を軌道に乗せたい経営オーナー派。

第5章

女性起業家が繁盛するメソッド

売りたい商品やサービスの流れを確認してみよう

では、実際に起業する際に押さえておきたいポイントを紹介します。まず最初に「いつ・When／どこで・Where／何をWhat／誰に・Whom／どのように・How」から、あなたの商品やサービスの流れを確認していきましょう。

お店を始めたいと思ったら、いつオープンすれば効果的なのか?もし、あなたの商品やサービスが四季の行事に左右される事業でしたら、売り上げが見込めるタイムリーな時期（When）に始めるのが得策です。

次に場所（Where）ですが、リスクの少ない自宅店舗で始めるか、人通りの多い路面店にするか、それともネットショップ、公共機関等のチャレンジショップへ出店するかといった基本的な方向性を決めていきます。

いよいよ事業スタートですが、例えば、フラワー業界へ参入したいと思ったら、一大イベントである「母の日」の数か月前に開業できるように準備するのがお勧めです。その際、商品は何（What）にするか、生花なのか、ブリザーブドフラワーなのか、アーティフィシャルフラワーなのか、それとも光触媒の花にするのかといったことを吟味していきます。

自分の強みや資格、経験が活かせる事業なのか、さらに業界の最新トレンドや競合他社を調べたりと現状を把握しておくことも大切です。その上で「誰に」といったターゲットを絞ることが、とても重要な要素になってきます。

ペルソナの手法でターゲットを明確にしよう

ターゲットを絞り込むマーケティング手法の一つに「ペルソナ（モデルユーザー）」があります。ペルソナとは、あなたの商品やサービスの顧客（Whom）となりそうな象徴的な人物像を指します。例えば、あなたが知っている身近な女性で自分の商品やサービスを購入してくれそうな人物を思い描きます。その女性の年齢やお住まいの地域、未婚か既婚か、家族構成は？といった定量的な基本データを書き出していきます。

次にその女性の趣味や嗜好、価値観、ライフスタイル、生活パターン、消費行動を想像しながら定性的なデータを揃え、分析していきます。これはあくまで架空の人物ですが、「何を伝えれば相手に響くのか」といったことが明確になり、お客様へのアプローチがしやすく集客へもつながるといわれています。

リアルな店舗とネット通販で成功する専門店の秘訣

では、どのように（How）展開していったらよいのか、この書籍にも登場しているパワーストーン専門店「エルドラード」様の例を紹介してみましょう。

子供時代から石に惹かれていたオーナーの飯田さんは、20代前半に小さなテナントからスタート、主にパワーストーンを取り扱うショップで２００３年に創業します。その3年後に自社店舗を建て移転オープン、個人事業から法人化して本格的に事業展開を始めました。

お客様に満足いただけるような専門店ならではのアドバイスをするために数々の資格を取得。自分の目で確かめながら商品の仕入れをし、高品質な品揃えを徹底させていきました。

月1回は占いイベントを開催、その一方、ネット通販では会員制システムを導入、プレゼント企画で顧客へサービスを実施したり……。このようにリアルな店舗とネット通販からリピーターやファン層を広げています。さらにパワーストーン（モノ）のみを販売するのではなく、効能や効力といった付加価値（コト）をつけ、実店舗では自らがコンサルティングしながら接客販売。ネット通販ではオーナーセレクトの貴重なパワーストーンで制作した商品を販売するなど、これらの試みが15年間継続し、成功されている秘訣ではないでしょうか。

開業する時に押さえておきたい5つのポイント

いつ
when
?

目標の開業日を決め、その日に向けて具体的なスケジュールを立てることが重要です。その際に事業内容や場所の選定、販促・宣伝方法等にも配慮して下さい。

どこで
where
?

オフィスや店舗を借りる場合は立地条件や賃貸料を充分に検討してから契約を。軌道に乗るまでは、自宅やシェアオフィス、ネットショップからのスタートもお薦めです。

何を
what
?

売りたい商品やサービスの内容、価格、メリット、付加価格等を具体化していくことが大切です。競合他社の市場トレンドを調べ、品揃えに差別化するなど工夫して下さい。

誰に
whom
?

商品やサービスを誰に購入いただきたいのか、将来的にあなたの顧客になってくれそうな客層を年代や性別、地域、嗜好、趣味等から書き出していきます。

どのように
how
?

実店舗かネット通販なのか、自分一人で対応するのか、正社員やパート等を雇用して販売やサービスを提供していくのか、人員計画を立てることも必須です。

商品やサービス、ターゲットに合わせた集客方法を

お店やサロン、教室、ネットショップ、どんな商売でもお客様が集まらなければ維持・継続はできませんし、売り上げも伸び悩み、繁盛店になることは難しいかと思います。経営者なら誰しも「集客」に苦労されているのではないでしょうか。

そこで、常日頃から「どうすればお客様にご来店いただけるか」といった戦略を立てることが大切になってきます。今や告知する方法は実に多種多様、売りたいモノやサービスにより宣伝方法を変えたり、組み合わせしていくことがキーポイントだからです。

では、自分自身の例を一つ紹介します。著書『7つの輝業力レッスン』の書籍を発刊（2013年）した際、出版記念セミナーの開催へ向けて参加者を募集したことがありました。

このときの告知方法が、

1／手配りチラシを作成し、友人や知人に手渡す。店舗に置いてもらう

2／自社発行のフリーペーパーに掲載し、内容を紹介する

3／フェイスブックイベントページや、ブログでお知らせする

4／参加して欲しい方に直接会って、セミナーへとお誘いする

このようにチラシやフリーペーパーを使った集客、フェイスブックやブログを使ったネット集客、そして信頼関係のある人脈を使った集客などと性質の異なる告知方法を組み合わせ、目標の参加人数を達成したという経験がありました。

また、信頼のおける仕事仲間や他業種の企業とジョイントしてイベントやワークショップ、セミナー等を開催するのも一つの方法です。お互いが顧客を持っていますので集客の加速度は高まります。さらに予算や仕事を分担することができ、人脈も広がっていきます。

広告宣伝費がかけられない場合、マスメディア等のパブリシティ記事で紹介してもらえれば認知度が高まり、集客しやすくなります。

今後はさらにネット（オンライン）を使った集客が主流にはなっていくかと思いますが、限られた地域での商品販売や対面サービスでしたらリアル（オフライン）の集客方法も効果が出やすいので、双方を組み合わせみてはいかがでしょう。

あなたが売りたい商品やサービスを、誰に、どこで、どのような方法で（紙媒体、ＳＮＳ、展示会等）といったことを書き出し、よりコストパフォーマンスの高い集客方法を組み合わせながら成果をあげていきましょう。

自分らしい起業という働き方で、仕事の好循環を

そして事業の継続・繁盛させる一番の特効薬は、あなた自身がその商品やサービスに惚れ込み、いかに情熱を注いでいるかにかかってきます。実業家としても有名な稲盛和夫氏が提唱する仕事の極意には次のような方程式があります。

「人生・仕事の結果＝考え方×熱意×能力」

例えば、あなたが一つの仕事を任されたとします。最初は気が進まなかった仕事でも考え方（思考）を変え、熱意（情熱）をもって取り組んでいくと、自ずと力（能力）がついて成果（結果）が出てきます。周りからの評価も高まり、自分の中で達成感が芽生え、ますます仕事が好きになり、これまでの苦労を感じなくなる、さらに仕事に打ち込むようになっていくといった人生や仕事の好循環が生まれるそうです。

起業は自分の力量や采配で出来るというのが大きな魅力。ぜひ、自分らしい働き方で喜びをみつけながら、お客様から長～く愛される繁盛店を目指していきましょう。

次ページの表は、集客や販路拡大したいときに活用できる販促媒体の例になっています。

効果的な販促ツールを組み合わせ、集客や販路拡大をめざそう

- ホームページ
- メールマガジン
- YouTube
- 会員誌・会報誌

- 名刺・DM
- パンフレット・カタログ
- 折り込みチラシ
- 地域情報紙・雑誌

- ブログ
- Line@
- ツイッター
- フェイスブック
- インスタグラム

- 看板
- デジタルサイネージ

- テレビ
- ラジオ
- 新聞

- セミナー
- イベント
- 交流会
- 祭り

長く愛され、繁盛店になるための満足度は期待以上

では、前述した集客方法にプラスし、お客様から長く愛され、継続できる繁盛店になるにはどうすればよいのでしょう。例えば、いつも行列ができているレストランってありますね。そこに共通するのは「期待以下・期待どおり・期待以上」という満足度からみて料理はもちろんのこと、価格やサービス、店内の雰囲気などがお客様にとって「期待以上」と感じさせる店舗が多いといわれています。

また、顧客＝お得意様を大切にすることが繁盛店になる秘訣です。常に新しいお客様を集客するのはコスト（費用）もかかります。時間は要するかもしれませんが、一度足を運んでいただいたお客様を大事にしていくことで、その方々の友人や知人がお客様になってくれるケースが多く見うけられます。何といっても信頼ある間柄の口コミ（良い評判）の影響は大きいので、紹介へとつながっていくわけです。

弊社が発行していたフリーペーパーも長年お付き合いくださったお得意様、また新規お客様の紹介などをいただきながら、18年にわたり継続することができたと思っています。

「2対8」の法則、お得意様に感動的なサービスを

こんな話を聞いたこともありました。ある美容院で既存の常連様が新規のお客様をお連れした場合、お二人のどちらも施術料金が同率の割引になるということ。そうすると新規だったお客様が次回は別の友人を連れてくる……このキャンペーンを繰り返すうちにリピーター率が高まり、常連様が増えていったということでした。

さらに商売をする上で多かれ少なかれ共通しているのが、2対8のパレートの法則です。例えば、お客様が100人いた場合、お得意様20人がお店全体の80％の売り上げを担っているといわれています。特にエステサロンやネイルサロン、美容クリニックなど再来店、リピーターが多い業種に当てはまるそうです。そこで常連様に対してはより付加価値の高いサービスや、おもてなしを心がけていくことが大切になってきます。

それは相手の困ったや、悩みを解決するサービス、相手にとって役立つモノ、プラスになるコトを提案してあげる姿勢です。お客様にまた来店したいと思っていただけたら、あなたのおもてなし（仕事）は大成功といえるでしょう。

※パレートの法則：全体の数値の大部分は、それを構成する一部の要素が生み出しているという理論

クラウドファンディングって何？ その仕組みは

起業や新規事業、新商品の開発等をするには資金が必要になってきます。ここ数年注目されているのが「クラウドファンディング」です。これは資金調達手法の一つで、「こんな新しいモノやサービス、製品を作りたい、販売したい、世の中で困っている問題を解決したいetc.」といった思いを持つ個人や企業、団体がインターネットを通じて不特定多数の人々から資金を集める方法です。

その言葉は、群衆（Crowd）と資金調達（Funding）を合せた造語になります。資金調達はもちろんのこと、新規事業を始める前に見込み客やファンを集めたり、告知やPRにも活用できます。さらに支援者の反応や意見、ニーズを知ったりとテストマーケティングができる点も大きなメリットです。

現時点で日本で最も普及しているのが「購入型」。プロジェクト実施期間に支援者（サポーター）が共感したプロジェクトへ出資（支援金）し、実行者は実施期間終了後に支援者へお返し（リターン）するといった仕組みになっています。

「寄付型」というのもありますが、言葉通りに支援者はリターンを求めず、そのプロジェ

クラウドファンディングの仕組み

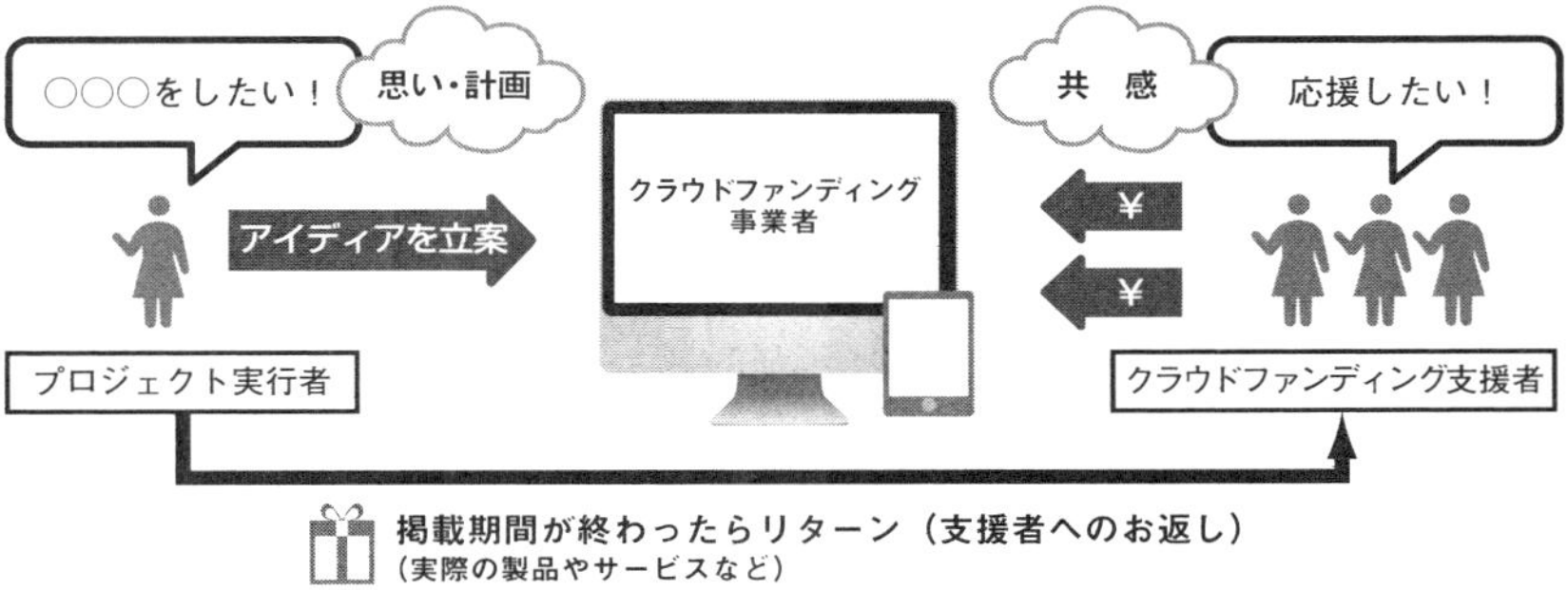

クトに共感、賛同して出資することになります。社会貢献できる要素が強いプロジェクトでない場合、資金調達は難しいかもしれません。

また、クラウドファンディングを取り扱う事業者はたくさんありますので、あなたが実行したいプロジェクトにあった事業者を選んでみてください。その中で注意していただきたいポイントは２つの形式があるということです。プロジェクト実施期間内に目標金額を達成した場合のみ支援金を受け取れる「All-or-Nothing」の形式と、目標金額に達しない場合でも実施期間の終了時点で集まった支援金を受け取れる「All-In」の形式があります。

弊社では、このたびの書籍で「購入型・All-In」のクラウドファンディングにチャレンジさせていただきました。ご支援してくださった皆様方へ、この場を借りて心より御礼申し上げます。ありがとうございました。

あとがき

女性が働き続けることはいつの時代でも障害はつきもの。これらとどう向き合い、楽しみを見いだしながら、自分らしく、しなやかに生きられたら幸せですね。このたびの書籍『女性起業家の新しい働き方』で紹介した女性たちは、見事なまで身にふりかかってきた困難やライフイベントを克服し、さらに好転させていく強い意志と柔軟性がありました。

話が尽きずに取材が2時間、3時間へ及んだこともあり、10年以上お付き合いある方、初めてお会いした方まで実に様々でしたが、お一人お一人が年齢やキャリア、環境に左右されず「思い立ったが吉日」といった生き方、肩ひじ張らずに自分スタイルでワークライフを楽しんでいらっしゃったのが、とても心地よかったです。本心を語る姿は奥深く、女性ならではの多様な価値観、素晴らしさを再発見した時間でもありました。

誰しも長い人生の中で立ち止まったり、後ろ向きになってしまうことがあるかもしれません。でも、決して諦めなければ必ず花が咲く日がくる……そんな力強く温かなメッセージを24人の女性起業家ストーリーから受け取っていただけたら嬉しいです。

私の場合は桜が美しい季節、9カ月の息子を保育所へ預けたと同時に会社を起こしました。今、振り返れば目の前にある仕事、ルーティーンの家事や育児、こんな毎日の繰り返しで身体が悲鳴をあげたこともありましたが、不思議と心は満たされ、充実していた日々を思い出します。当初は「起業した！」という意識より置かれた環境、必然の流れで選択した道でした。それが功を奏して事業として成り立っていったのは、自分らしい働き方でオンとオフが切り替えられ、自然体で「ワークライフバランス」ができたこと、家族やスタッフの協力、近隣のお母様方との共助、公的機関等でお世話になったことが大きかったと感じています。

また、この3年間はダイバーシティ的な新しい出会いや活動を通じて、人生の後半をどう過ごすのが自分らしい生き方なのかを真剣に考えるようになりました。ご周知の通り、日本は少子高齢社会が進む中で4人に1人が65歳以上、男女とも平均寿命は年々高まっています。これからは本当の意味で「ワーク・ライフ・バランス」を実現させていく時代ですね。

～自分らしく、しなやかな生き方を～

2018年3月　根本 登茂子

取材協力

◆品川区立　武蔵小山創業支援センター
◆一般社団法人とりで起業家支援ネットワーク
◆一般社団法人マゼンタハートサポート
◆医療法人社団協友会 彩の国東大宮メディカルセンター

資料提供

◆東京都中小企業振興公社事業戦略部　創業支援課
◆中小企業庁　経営支援部　小規模企業振興課
◆一般社団法人茨城県中小企業診断士協会

著者略歴

根本 登茂子（ねもとともこ）

有限会社ミズプラン代表取締役

輝業コンサルタント／色彩販促プロデューサー

東洋大学社会学部卒業。大学では社会心理学を専攻し、卒業後は出版社や制作会社、大手広告代理店に勤務する。その後、アメリカ留学を経て1993年に企画広告会社ミズプランを設立。日本カラーデザイン研究所やカラースクール等で研鑽した色彩マーケティングを導入し、ホテルや住宅、フラワー、玩具・福祉業界を中心に販促のコンサルティングから制作、イベントのコーディネートを手がける。また女性情報誌を18年間発行した経験を活かし、店舗やサロンのビジネスを支援中。女性経営者にはパーソナルカラーや色彩心理を取り入れ、印象力アップやブランディングに力を注ぐ。公共機関や各企業で研修も行っている。

http://www.msplan.biz

※キャリアカウンセラー、色彩診断士、１級パーソナルカラリスト

著書

- 「7つの輝業力レッスン」（カナリアコミュニケーションズ）
- 「イベントプロデューサーになるには」（ぺりかん社）
- 「輝業美人」（ミズプラン）

自分らしく、しなやかに生きるワークライフのヒント

女性起業家の新しい働き方

2018年4月11日（初版第1刷発行）

著者　根本 登茂子

発行人　佐々木 紀行

発行所　株式会社カナリアコミュニケーションズ

〒141-0031 東京都品川区西五反田 6-2-7 ウエストサイド五反田ビル 3F

TEL：03-5436-9701　FAX：03-3491-9699

http://www.canaria-book.com

編集・DTP　有限会社ミズプラン

印刷所　本郷印刷株式会社

ISBN978-4-7782-0421-1　C0034